帰りが遅くてもすぐ作れちゃう

月たった2万円の
スピードふたりごはん

奥田けい

大和書房

はじめに

みなさん、はじめまして。
イラストレーターの奥田けいと申します。
インスタグラムを通じて知り合った夫くんと
DMのやりとりを経て恋に落ち、
同棲をスタートさせ、そしてなんと結婚をしました！
駆け出しのイラストレーター（兼アルバイト）と
新米サラリーマンというカップルで、
当時は（というか今も……笑）決して生活は楽ではありませんでした。

そこで手っ取り早い節約ということで
「**月2万円の食費**」で暮らすことにしました。
つまり、**ふたりで1日660円**しか使えないというルールです。

安い食材を探して、工夫をすれば「月2万円の食費」は可能です。
とはいえ、共働きで帰宅時間が遅くなると、
スーパーをめぐり、安い食材を探し、
長い時間台所に立って料理をするのは大変でした。

そこで、なんとか楽ができないかと試行錯誤をし、
「レンチン」「手抜き」を凝らした
「遅い時間に帰宅しても、3品約15分で作れる
スピードごはん」を考案しました！
もちろん味もバッチリです。

ちなみに私たち夫婦は「おいしく時短料理を食べながら節約」して
夢のマイホームを手に入れました！

みなさんもぜひこの「月たった2万円のスピードふたりごはん」を食べて
毎日おいしくヘルシーに節約をしませんか？
きっと想像以上にハッピーな未来が待っているはずです！

Contents

おもな登場人物

夫くん

写真を撮ることが大好きな新米サラリーマンの夫くん。

奥田けい

おいしいものを食べること・作ることが大好きなイラストレーター。

インスタグラムでお互いのイラストと写真に「いいね!」を送ったことがきっかけで遠距離インスタ恋愛開始。

その後イラストレーターを夢見て関西で暮らしていた私を夫くんが東京に呼び寄せてくれて、お互いひとり暮らしを経て、中央線沿線の町で同棲、そして結婚。

ふたりで１ヵ月２万円の食費で生活中。
締め切りと仕事に追われながらも

①おいしくて
②健康的で
③手早くチャチャッと15分程度

でできるレシピを日々開発中。

STORY

01

仕事で疲れていても大丈夫！

帰宅後 15分でできる 包丁いらずレシピ

仕事から疲れて帰ってきて、これからごはんを作るなんて絶対ムリ。コンビニでお弁当やお惣菜を買ってすませたいけど、ふたりの食費予算は月 2 万円（涙）。残念ながらムダづかいはできない。でもたった 15 分、包丁も使わず、ほぼレンチンで3品もできるなら、おうちでごはんを作るのも……断然アリかも。

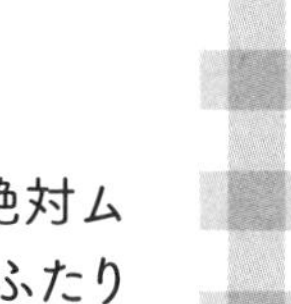

01

けいちゃんも
お疲れー
締め切り近いから
追い込み大変やね
うん……なんとか
終わらせねば
ご　ごはんにしよ
買ってくるよ！
まっしろ〜
ガバ
いや!!
お金がもったいない
えっ!?
もう夜の10時半
すぎだけど
今から作るの？
僕
明日早いからなー
できれば
早く寝たいな
同じく!!
見よこの
まっしろさを
えっへん
つるりーん
なので包丁も
使わない
超時短メニューで!!
そんなん
できるんだ

ガチャ
えっと……
いたいた
前使って残していた手羽トロちゃん♡
手羽トロ
600g
安かったやつ
大安売りしてたやつだ
ちょうど賞味期限が今日までだね
200～300gくらい残ってるから今使いきれるしナイスタイミング
そして
恒例の!!
キュピン
え　なに?
怖い

窓辺の豆苗《とうみょう》ちゃん収穫解禁!!
まってました
どん
あぁ! 毎日けいちゃんがお水替えてたやつね
テンション低いけどこれめちゃ楽しいから!
プンスコ
一大イベントよ!!
え? じゃあやる
ジョキン★
う……
わぁ!
ストレス解消!!
でしょ!?
なんかイイ!!
豆苗って1回食べたあとでも根っこを深めの器に入れて毎日お水を替えたら2回目も食べられてお買い得だし栄養も満点の食材だからね
部屋にあるとサワヤカ～だし

収穫した豆苗は
ひとまずおいて
小松菜の半束を
手でねじって
ちぎる
ブチブチ
包丁出したく
ないからね
豪快……
楽チーン
ぶち
ぶちっ!!
ん?
いや
お腹すいたわ
はいじゃあ
これを
チンして
600Wで
1分半くらい
かな
はーい
その間に
耐熱皿に手羽トロを入れて
しょうゆ 砂糖
ニンニクチューブで作った
たれをもみ込んで……と
しょうゆと砂糖は大さじ2、ニンニクは少々
モミ
ピー
小松菜
チン終わったよー
ほいきた
じゃ 次 これ
600Wで
3分くらいチンね
ほいさ
モミ

3分チンしたら
さっきの手羽トロを
ひっくり返して
はーい
あち
その上から収穫した
豆苗をのせて
パサ…
それをまた1分
くらいチンします
終わったら中まで火が
通っているか確認してね
温度とか肉の厚みにも
左右されるから
ヴーン
その間に
鍋に水と
鶏ガラスープの素を
入れて火にかける
あ
小松菜
冷めたかな
どう?
ペラッ
アツアツ
ではないよ
よし…
いざ!
トゥルン
卵黄!
素敵♡

※鶏肉は火が通ってないもの、また、使用した調理器具や鶏肉を触った手からカンピロバクターの細菌に感染する可能性があります。処理や保存に気をつけましょう。

そこへ めんつゆを かけて完成
残った白身は 今からスープに 使うよ
あ 手羽トロが できたね
チーン
はいよーっ っておぉ！
めっちゃ うまそ
グウゥゥ
……ハラヘッタ
キュルル
ルル
もうすぐ
もうすぐ できるよ!!
もう少しだけ 耐えてー!!（笑）
ごめんー!!

お
スープも沸いた
ぽこぽこ
ここで さっきの白身を溶き入れる
トポポ
ごま油と煎りごまを少し入れて
じゃーん
卵白ふわふわスープの完成
よし できた! 食べよ 食べよー!!
ドン
15分で 白米おかわりレシピ

パ
ン
いただきます!!
豆苗いい感じにしんなりしてるー
くたっ
手羽トロがプリプリつやつや!
はぐっ
ぬお!!
んまっ!
シャク
シャク
しょうゆと砂糖って罪な味だよね
甘じょっぱいところにニンニクが来る
もぐもぐ
もぐもぐ
米に合う…
小松菜も黄身を崩して食べるとまろやかですごくおいしい

ほんと
黄身とめんつゆが
小松菜に絡んで
めちゃうまいー
シャキ
バク
フハイ
ハハフ
ヘヒハホヘ!
バク
モグ
??
ごめん
飲み込んでから
しゃべって?
む!!
ごめん すごく早く
ごはんできたねって
ほんと
だね
15分くらいで
できたかな
ズ…
あー
スープ
あったかい
ごま油入れたから
冷めにくいんだよー
ふたりでごはん作るのって
新婚っぽくていいな…
スーパーのお惣菜も
たまにはいいけど……
安くて おいしくて 超早くできる
おうちごはん 最強ーっ!!
スープとごはんの
おかわり持ってきた
ありがとー!!

Recipe

白米がすすむこってり味

手羽トロを甘じょっぱい味でこってり仕上げたから、
白米のおかわりが止まらない！　リピート決定の一品。

15分くらい

3品で265円

超カンタン！なのにこってり…

手羽トロの甘辛蒸し

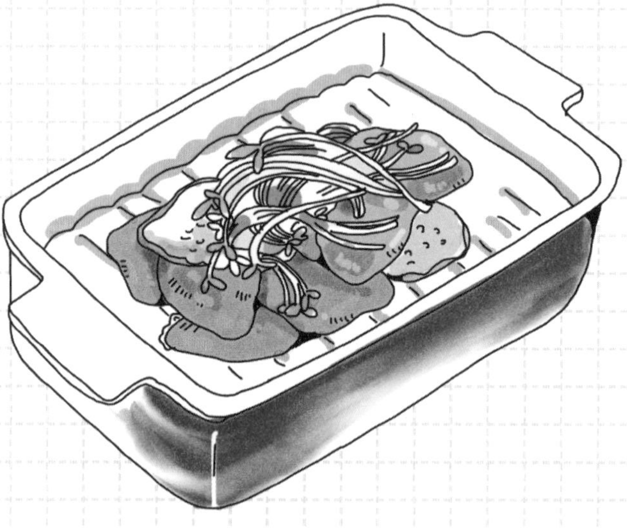

①手羽トロにAをもみこむ。

②耐熱皿やシリコンスチーマーに入れ、ラップもしくはふたをして600wのレンジで3分ほどチンする。

③手羽トロをひっくり返し、切った豆苗を上にのせさらに1分ほどチンして完成!!

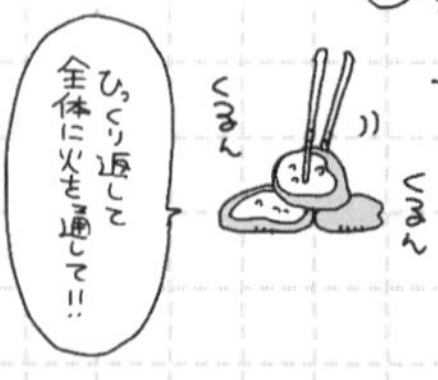

- 手羽トロ 200gくらい
- A［しょうゆ大さじ2
  砂糖大さじ2
  ニンニクチューブ3cmくらい
- 豆苗1袋

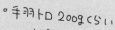

小松菜の卵黄おひたし

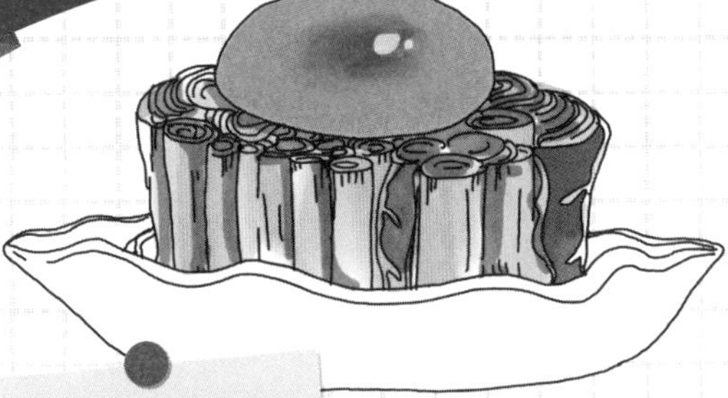

ブチブチッ

① 小松菜を手でひねって
食べやすい長さにちぎる。

② 耐熱皿に入れラップをして
600wのレンジで1分半ほどチンする。

③ あら熱を取った②に卵黄だけを
のせ、上からめんつゆをかけて完成!

- 小松菜半袋
- 卵黄1個
- めんつゆ少々

めんつゆは
2倍希釈を
使っています!

卵黄をくずして
めんつゆと絡めて
食べると美味!!
トロッ

心が
あったまる〜

残った卵白の中華スープ

① 鍋に水を沸かし
鶏がらスープを入れる。

② 沸騰したら卵白を①に流し入れ
軽くかきまぜる。

③ ごま油を数滴、煎りごまをひとつまみ
加えて完成!!

- 鶏がらスープの素 大さじ1
- 卵白(卵1個ぶん)
- ごま油 数滴
- 煎りごま少々
- 水400ml

初めてふたりで住んだ部屋の間取りはコレ

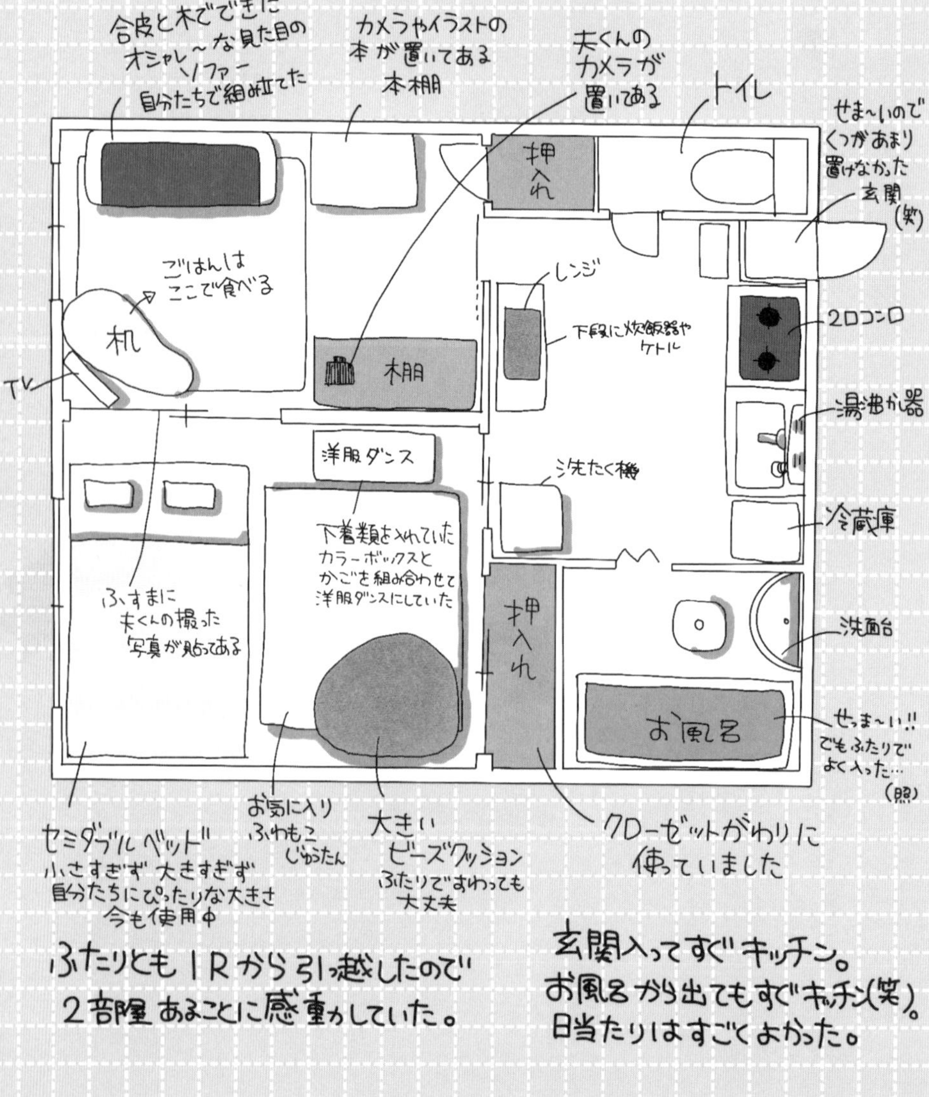

合皮と木でできた
オシャレ～な見た目の
ソファー
自分たちで組み立てた
カメラやイラストの
本が置いてある
本棚
夫くんの
カメラが
置いてある
トイレ
せま～いので
くつがあまり
置けなかった
玄関
(笑)
押入れ
ごはんは
ここで食べる
机
TV
棚
レンジ
下段に炊飯器や
ケトル
2口コンロ
湯沸かし器
洗たく機
冷蔵庫
洋服ダンス
下着類を入れていた
カラーボックスと
かごを組み合わせて
洋服ダンスにしていた
ふすまに
夫くんの撮った
写真が貼ってある
押入れ
洗面台
お風呂
せっま～い!!
でもふたりで
よく入った…
(照)
セミダブルベッド
小さすぎず 大きすぎず
自分たちにぴったりな大きさ
今も使用中
お気に入り
ふわもこ
じゅうたん
大きい
ビーズクッション
ふたりですわっても
大丈夫
クローゼットがわりに
使っていました

ふたりとも1Rから引っ越したので
2部屋あることに感動していた。

玄関入ってすぐキッチン。
お風呂から出てもすぐキッチン(笑)。
日当たりはすごくよかった。

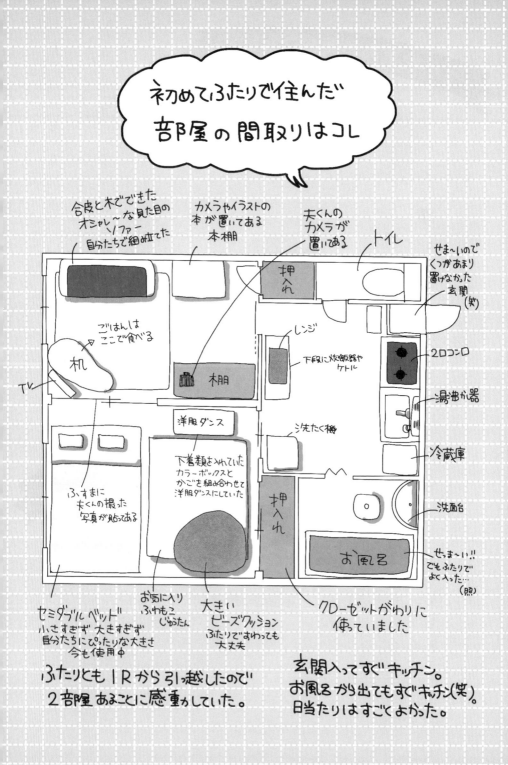

STORY

02

休日のデートはスーパへ!?

特売お肉は下味つけて冷凍保存

ふたりが大好きなお肉。いつもはお値段ひかえめの鶏肉をメインに料理を作っているけれど、特売の日は夫くんに助けてもらって豚肉を大量に買っちゃう！　たくさんのお肉はみそと調味料を加えて小分けにして冷凍すれば、すぐに料理ができて時短になるのはもちろん、味も染みておいしいんです。

ザワ
ザワ
ザワ
牛肉
す
すごいね
そりゃそうさ!
今日は豚バラが特売日だから!!
ドン
いつもなら高いし買わんけど、今日は特別ー
ひゃっはー
早く早く早く!
ポーク
張り切ってるな……
こら走らない!!

おおお
100gなんと68円！ありえん安さ
いたいた
いいのあった
せっかく夫くんいるし1キロくらい入った大容量パック買おうかなそっちのほうが安いし
いいよ　いいよ持つよ
ありがとう
きゅうりも3本で90円だ！安いー
トマトも袋で買うとひとつ40円！素晴らしい
これも

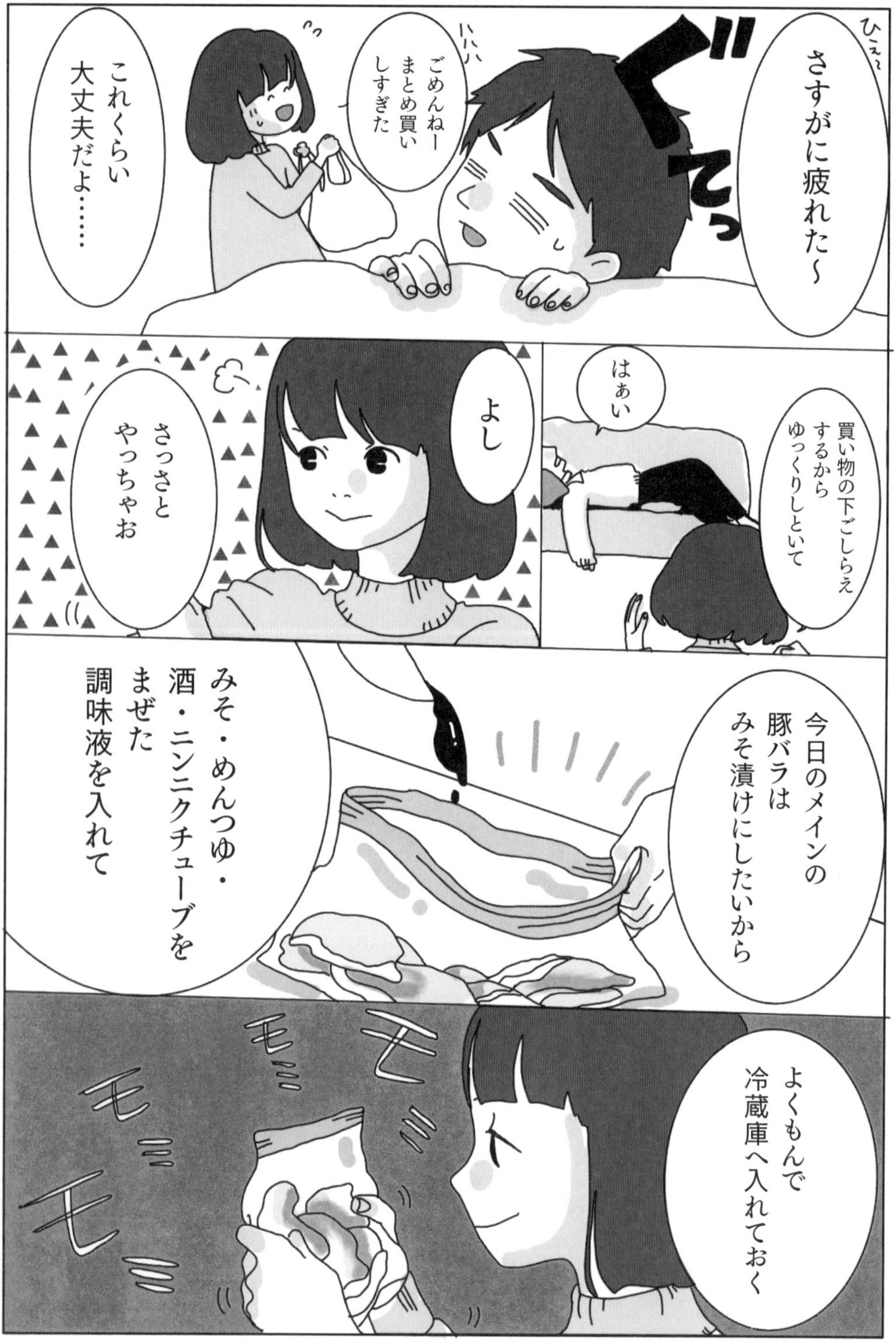
ひぇ～
さすがに疲れた～
ぐでっ
ハハハ
ごめんねー まとめ買い しすぎた
これくらい 大丈夫だよ……
買い物の下ごしらえ するから ゆっくりしといて
はぁい
よし
さっさと やっちゃお
今日のメインの 豚バラは みそ漬けにしたいから
みそ・めんつゆ・酒・ニンニクチューブを まぜた 調味液を入れて
よくもんで 冷蔵庫へ入れておく
モミ
モミ
モミ
モミ

いっぱいあるから みそ漬けをさらに2つ
マヨ
ピリ辛
ひとつは マヨネーズを加えて 男子が好きなこってり マヨみそ味
もう ひとつは ちょこっと豆板醤を 入れてピリ辛に 細長く切ったのは 豚汁用にして おこうかな
今日使うみそ漬け以外は ジッパーつき保存袋に 入れて冷凍しちゃう
ガラ
よし これで豚バラの 下ごしらえ終わり！
15:30
zzz
……
ドス
私も お昼寝しよ～
ぐえっ!!
死ぬ……

※冷凍しても1ヵ月以内には食べましょう。また解凍すると食材についている菌は増殖します。食べる前日に冷蔵庫で解凍するか、調理する直前に電子レンジで解凍しましょう。

……ちゃん
けいちゃん
ふぁ……
もう19時だよ
そろそろ起きな
わぁ!! 寝すぎた!
ガバッ
起きた
ごはん炊いたよ
ありがとー!
って
あわてなくてもメインは仕込んだんだった!
さすがっ!!

木綿豆腐を
水切りするために
キッチンペーパーに
包んで耐熱皿にのせて
レンジで1分チンして
冷ましておく
ヴーン
きゅうりは上から
押してひびを入れて
ギチギチ
裂け目からひと口
サイズに割ると味が
よく染みるんだよね
そこへ塩少々と
昆布だしを小さじ1ほど
かけてよく和えて——
パラパラ
すりごまをかけて
終わり
ごま
次はメインね!!
ザク
ザク
キャベツは
ざく切りに
サラダ油で
炒めて
ジュ〜…
しんなりしたら
大きいお皿に
よけておく

ここで漬けた豚肉を調味液ごとフライパンに入れて
キャベツを炒めた時に入れたサラダ油のみで炒める
豚バラは脂っこいからね
ジュ…
ジュ
ワァァァッ

さっきのキャベツも一緒に軽く炒めて完成……と
おいしそー
みそ漬け豚バラ炒め
ピー!!!
はやくー
あ
豆腐忘れてた
水分が出て硬くなった豆腐は1cmくらいにスライスして
トマトも同じくらいの薄さに切っておく
トン
トン
トン

トマトと豆腐を
交互に並べて
オリーブオイルと
しょうゆを
さっとかけて
はい
完成～!!
わー
うまそう!
15分で
まるで母の味レシピ
いただきまーす

ハムッ
ん!!
豚にみそ
うまいっ!
甘味がある
よかった
あと2回分冷凍してあるのはふたつとも味が違うんだ
マヨとピリ辛
1ヵ月は持つし、また今度食べようね
モグ
モグ
やった!
お、豆腐カプレーゼ?
チーズと違ってあっさりしてていいね
コリ
きゅうりの漬け物もんま!
チャリーン
そう
そして安い!!
それな
なので次の買い出しの時もお願いしまーす!
きゅるん
はぁーい
がんばりマース

サッとできるのにお母さんの味

お母さんが食卓に出してくれたような、
あの味をたった15分で作っちゃいましょう！

Recipe

15分 くらい

3品で 277円

白ごはんが どんどん ススムおいしさ

みそ漬け豚バラ炒め

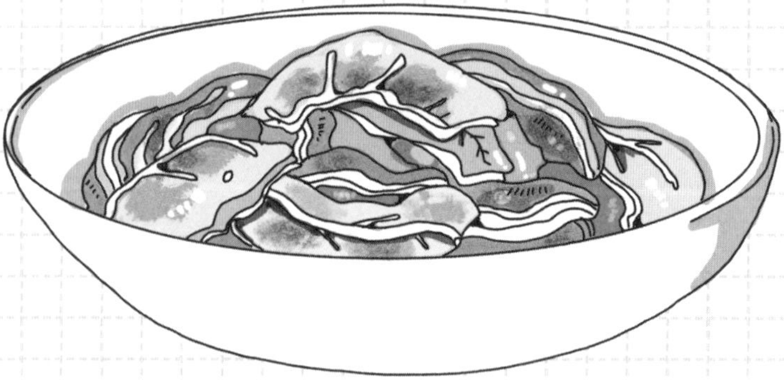

① 食べやすい大きさにカットした豚バラを
ジッパーつき袋に入れAを加えてよくもむ。
（半日くらい漬けるとおいしい）
（時間がなければ5〜10分でもOK）

- 豚バラ 150g
- A ┌ みそ 大さじ2
　　├ めんつゆ 大さじ1
　　├ 酒 大さじ1
　　└ ニンニクチューブ 3cmくらい
- サラダ油 小さじ1
- キャベツ $\frac{1}{8}$〜$\frac{1}{6}$玉くらい

めんつゆは2倍希釈を使っています！

② フライパンに少量の油を入れ①を炒め、
肉の色が変わったらざく切りしたキャベツを加えて
さらに炒めて完成。

きゅうりのさっぱり漬け

- きゅうり　1本
- 塩　小さじ$\frac{1}{2}$杯
- 顆粒昆布だし 少々
- すりごま 少々

① きゅうりを上から押して割れたら手で食べやすい大きさに裂いておく。

② ①に塩を少々、昆布だしをかけてもみもみする。

③ すりごまを上からかけたら完成。

豆腐のカプレーゼ

わが家の
定番!!

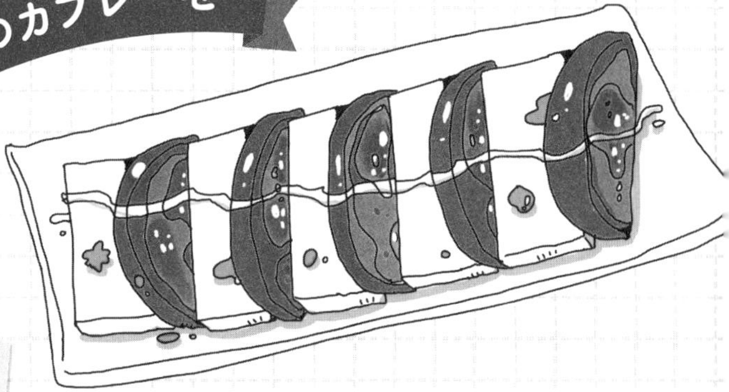

- 豆腐 半丁
- トマト 1個
- しょうゆ 大さじ1
- オリーブオイル 大さじ1

① 豆腐をキッチンペーパーで包み
皿にのせて600wのレンジで1分ほど
チンして水気を取る。

② ①が冷めたらトマトと共に
スライスし、しょうゆとオリーブオイルを
かけて完成。

料理初心者がまずそろえたい

基本の調味料の選び方

この調味料さえ用意すれば、自宅でおいしくごはんを作れます!

まず用意してほしいのは、基本の「砂糖」「塩」「しょうゆ」「みそ」「料理酒」「みりん」そして魔法の調味料「めんつゆ」。これさえあれば、料理の味つけはできたも同然なんです！

さまざまなサイズの調味料がお店で売っていますが、家族の人数が少ないなら小さめを購入するのがオススメ。大きいと賞味期限までに使いきれないし、封を開けると湿気たり、酸化して味が落ちることもあります。

砂糖

炒め物や煮物に砂糖を加えることで「コク」が出たり、酸味の強いお酢やトマト料理に加えるとまろやかになります。また料理にテリやしっとり感も与えてくれます。**買うならまずは「上白糖」を！**

グラニュー糖は甘味が強いので、お料理には上白糖を！

塩

塩は味を整えるだけでなく、野菜を塩でもんで水分を抜いたり、肉などに塩をすり込んで保存と殺菌効果をアップしてくれます。塩を購入するポイントとしては、「精製塩」より**ミネラル分が豊富に含まれる「自然海塩」を選ぶといいでしょう。**

野菜に塩をもむだけで、浅漬けになるよ！

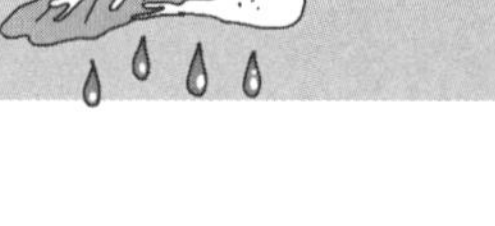

しょうゆ

選び方で一番大切なのは「鮮度を保てるか」ということ。**しょうゆは酸化すると色が濃くなって風味が落ちま**

す。最近は空気に触れにくい酸化防止のボトルに入った小さめサイズが売っています。開封したら基本は1ヵ月程度で使いきるのが理想的です。

しょうゆ

お得に見えるけど、大きいサイズはNG

みそ

おみそしるにはもちろん、**料理に深みを出してくれるみそ。**みそは「米」「麦」、「豆」そしてこれらを合わせた「合わせ」という種類に分けられます。おみそしるをお母さんが作ってくれていた味に近づけたいという人は、家で使っていたのと同じ種類のみそを選んで！

我が家はあわせみそ
みそ

だしの種類でもおみそしるの味は変わるよ！

酒

肉や魚の臭みを消すパワーのあるお酒。同時にうま味も加えてくれます。料理酒は飲料用のものでも代用できるので、余ったお酒も活用してみて。ちなみに料理酒を選ぶ際にはアルコールや食塩などが添加されていない**「米・米麹・水」が原料のものがオススメ！**

臭みを取ってくれるよ！

煮魚にはお酒とスライスした生姜で魚臭さは少なくなります

みりん

煮物のコクやテリを出す時に使うみりん。砂糖と同じように思いますが、みりんは煮崩れしたくない煮魚などを作る際に、砂糖は甘みをしっかりつけたい時や、お肉などをやわらかくする時にオススメです。スーパーに行くと「みりん風調味料」と「本みりん」とありますが、もち米・米麹・アルコールを長期間熟成して作る**「本みりん」がいいですよ。**ただ、「本みりん」はアルコール度数が「みりん風調味料」に比べて高いので、火にかけてアルコールをしっかり飛ばすことが大切です。

本みりんはアルコール度数が14%ほど！　お酒と一緒なので、しっかり火を入れてアルコールを飛ばしましょう！

めんつゆ

これがあるだけで料理の時間短縮はもちろん、とにかく手間なく簡単に料理ができるので、ぜひ購入してほしい1品。魔法の調味料といっても過言ではありません。煮物の味つけ、素麺のつゆ、ゆで野菜にかけるしょうゆ替わりと、とにかくオールマイティ。

我が家は2倍希釈のものを使用しています

ストレートタイプならそのままおしょうゆ感覚で使えます

初めて同棲した時のキッチンはこんな感じ

フライパンはS字フックでレンジフードにかける
つっぱり棚&100均カーテン
湯沸かし器めちゃ便利だった（ケトルいらず）
2口コンロ
空きびんなどにいろいろ立てていた
スパイスや塩・こしょう
ブックエンドで皿を立てる!
100均の積み重ねられる棚で高さを出して皿をしまう
乾物
酒やみりん、重いものは下へ
ひとり用にしては大きくふたり用にしては小さい冷蔵庫（中古）

食器棚がなく、
とにかく収納がほしかったので

フライパンは吊りさげたり
皿は立てかけたりとごちゃついた
キッチンでしたがとても使いやすかった…

コンビニによくある800Wのダイヤル式レンジ（中古）
ひとり用で3合炊ける炊飯機（中古）
実家からもってきたケトル
魚焼きグリルでパンを焼くのが嫌で買ってもらったトースター

スチール製のラックを
ネットで購入し、組み立てた
ものにいろいろと配置していた
なかなか頑丈で、今も使っている

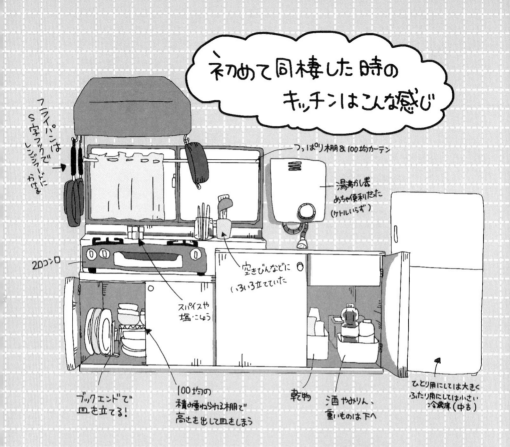

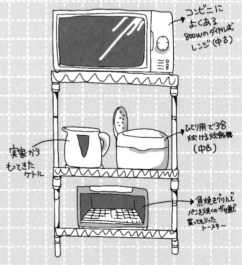

STORY 03

給料日前、お金がないっ!

救世主は 安くてカサ増し 乾物レシピ

毎月のふたりの食事の予算は2万円。でも次のお給料振込日まではかなり残金がキビシイ状況。そんな時、役に立つのがスーパーで格安に売っている「切り干し大根」や「ひじき」などの乾物。調理法を変えるだけで簡単、おいしい、しかも激安の洋風レシピに早変わり!

ムム
ムム
え
こわい
なに、なに!?
……
まずい
まずい
給料日まであと4日もあるのに
ドン
おさいふの中が残り2千円とちょっと!!
……
チーン….

うちは1日ふたりで食費660円の予算だから…
1日ふたりで約660円 × のこり4日 = 2640円は必要
そりゃちょっとキツめだね
そうなの やばいの
えーん
今日から1日あたり100円ずつくらい浮かさなきゃ
でもお買い物しないと……
オッケー
なるべく安いものを買おう
スーパー
うーん安いものといえば
卵
納豆
缶詰
ちくわ
FISH
乾物
……これだ

よーし！おいしく作るぞ
おー!!
切り干し大根
ザァァァ
切り干し大根は軽く洗って
ぬるま湯に10分ほど浸けておく
わかめは2つまみを水に10分くらい浸けてもどしておく
今回はスープだから水でもどす。
生で食べる場合は熱湯でもどしたほうが衛生的に◎
ひじきは2gくらいをぬるま湯に入れる
あっ!! ひじきは15〜20分もどすのにかかるから先にしとかなきゃ…
コト…
乾物をもどしている間に小鍋に400㎖のお湯を沸かして
わかめ
ひじき
切り干し

沸いたら石づきを取ったしめじ半株と
もどして水切りしたわかめ
そしてコンソメ1粒を入れる
わかめにコンソメって思うかもだけど
ズッ
これが意外になじむんだな!
うん おいし
次はフライパンにオリーブオイルニンニクチューブ一味を少々入れて
カチチチ
火にかける
そこへ軽く水を絞った切り干し大根を入れて炒め
さらに刻んだベーコン2枚分くらいを加えて
よく絡めるようにさらに炒める
ジュッ!!
いい匂い

そこへ しょうゆを 小さじ 1・5杯 くらい
ジュワッ
軽くまぜたら
ホカ
ホカ
切り干し ペペロンチーノ風 完成～!!
切り干し大根で ペペロンチーノ!?
なんか うまそ～!!
ガチャ
フライパン 洗っちゃうね
あ
待って! そのまま
このフライパンに さっきのオリーブオイルが 残っているから
そのまま次の 料理しちゃうね
へぇー

軽く絞ったひじきを
ザッ
フライパンで炒めて……
そこへこれを
ニョロ…
マヨネーズ?
え
大さじ1くらいかな
ニョロ…
うん
コクが出るしね
意外な…
ジュー
ひじきがしんなりしたら卵2つ溶きまぜて塩こしょうを入れた卵液を入れる
トロロ…
火は中火にして
フライパンを振りつつ端から中心へ寄せるようにまぜる

それを火を通しすぎないうちにお皿へ移せば
パコン
よっと
わぉ
プルプルひじきスクランブルエッグ完成!!
プルルン
イイネ
ナイスな半熟ぐあい!!
では
ホワァ…
いただきまーす
20分で激安!乾物レシピ

むっ
シャク
これはっ!!
シャク
切り干し大根なのに全然クセがない
シャク
シャク
煮物より食べやすいね
シャク
シャク
シャク
シャク
私、小学校の時給食で切り干し大根の煮物出たんけど苦手だったんだよね
MILK
わかる!!
オレもよく出た
それだけ栄養があるんだろうね
昔は嫌いだったけどこれなら食べたくなるわ!
ズッ
あ、そのスープねコンソメなんだよ
え? 鶏ガラスープだと思った!! コンソメとわかめって合うんだね

次、卵食べよっ
パクン!
ど
どう?
ドキドキ
おお……
マヨが
マヨが効いてて
ひじきが食べやすい
追いマヨしても
いいかも!!
食感がおもしろい
よかった!!
ひじきってしっかり
水に浸けないと
歯ごたえすごいから
心配だったん
だけど
こんなにお安くてしかも
栄養のある乾物
しかも
うまい
切り干し大根
ありがとうだね
ワカメ
本当だね
乾物に足を向けて
寝られないよ
パアアアア
ひじき
尊い……

そして乾物だけじゃなくて
けいちゃんにも感謝! いつもおいしく作ってくれてありがとね
安い材料であっても
イエイ!
ぴーす
「おいしい」といってくれるからがんばれていると思う
こちらこそ
口の横ついとる
取ってー
はい、ティッシュ
「いつもありがとう」
ひどい(笑)

Recipe

「乾物」がまさかの洋風メニューに!?

きんぴら、ひじき、わかめ……安いけど地味な食材も
工夫次第でメイン料理になるんです!

20分くらい

3品で225円

切り干しペペロンチーノ

① 切り干し大根はぬるま湯に10分ほど浸けてもどしておく。

② フライパンにオリーブオイル、ニンニク、一味を入れてから火にかけ、切り干し大根を入れて炒める。

③ ザク切りしたベーコンを入れ、しょうゆをフライパンのふちにまわしかけてさらに炒めて完成。

しょうゆを焦がすことで
香ばしさがUPするよ!

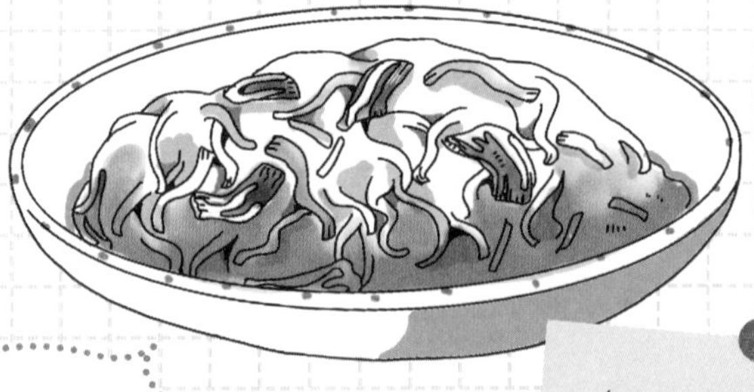

ご縁のなかった
「乾物」も
どんどん
取り入れちゃおう!

- 切り干し大根 30g
- オリーブオイル 大さじ2
- ニンニクチューブ 3cmくらい
- 一味少々
- ベーコン 2枚ほど
- しょうゆ 小さじ1.5

プルプルひじきスクランブルエッグ

マンガ通りに
切り干しペペロンチーノを先に
作っていたら、油は改めて
ひかずそのままフライパンを
使用してOKです!!

①ひじきを水に15〜20分ほど浸けてもどしておく。
小量のオリーブオイルをフライパンにひく。

②ひじきの水気を切ってから炒める。マヨネーズを入れ全体に絡ませる。

③ひじきがしんなりしたら塩こしょうで味つけした溶き卵を入れ端から中心へ寄せるように混ぜ、火が通りすぎないうちにお皿に移して完成。

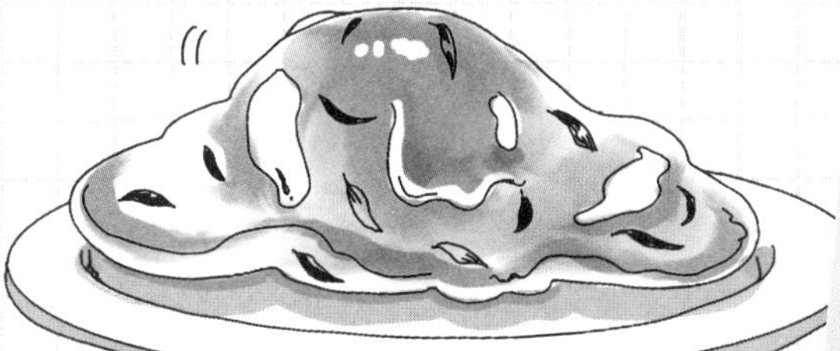

- ひじき2g
- オリーブオイル少々
- マヨネーズ大さじ1
- 塩こしょう少々
- 卵2個

わかめスープ

① わかめを水に10分ほど浸けてもどす。

②400mlのお湯を沸かし、石づきを取ったしめじ半株とコンソメ1粒、もどして水を切ったわかめを入れてひと煮立ちさせたら完成。

- 水400ml
- 乾燥わかめ2つまみ
- しめじ半株
- コンソメ1粒

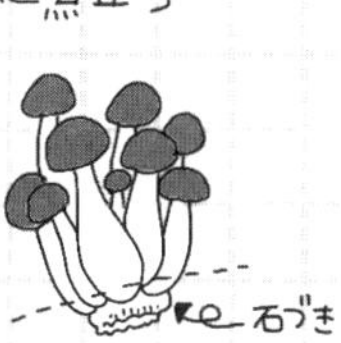

ふたり暮らしの時の冷蔵庫!!

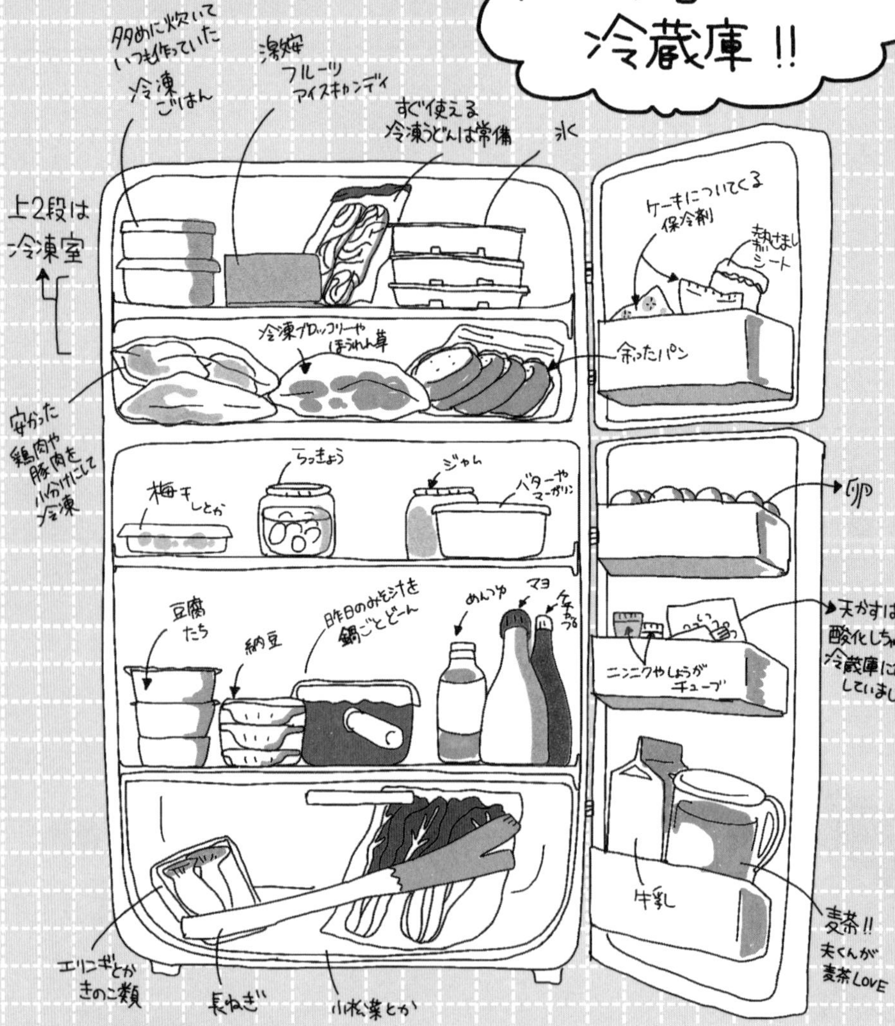
多めに炊いて
いつも作っていた
冷凍ごはん
激安
フルーツ
アイスキャンディ
すぐ使える
冷凍うどんは常備
氷
上2段は
冷凍室
ケーキについてくる
保冷剤
熱さまし
シート
冷凍ブロッコリーや
ほうれん草
余ったパン
安かった
鶏肉や
豚肉を
小分けにして
冷凍
梅干しとか
らっきょう
ジャム
バターや
マーガリン
卵
豆腐
たち
納豆
昨日のみそ汁を
鍋ごとどーん
めんつゆ
マヨ
ケチャップ
ニンニクやしょうが
チューブ
天かすは
酸化しちゃうので
冷蔵庫に保存
していました
牛乳
麦茶!!
夫くんが
麦茶LOVE
エリンギとか
きのこ類
長ねぎ
小松菜とか

収納のポイント!（私の場合〜!!!）

- 入れすぎない。（冷えなくなる）
- 腐りやすいものは下段に。（下のほうが冷える）

安い食材は常にある。
野菜や肉はその日安いものを
買っていたのでわりとスカスカ…。
豆腐、卵はいつも欠かさず買っていた。

STORY

04

苦手意識を克服

魚料理は缶詰を使って楽チン＆ヘルシー

お肉ばかり食べていては体によくないのはわかっているけれど、魚料理はちょっと苦手。生魚を調理したり、魚焼きグリルの掃除も面倒くさい。しかも値段もちょっと張るし……。そんな時の救世主は、魚の缶詰！　話題のサバの水煮缶をちょっと工夫すると、お店で食べる魚介系の麺に早変わり！

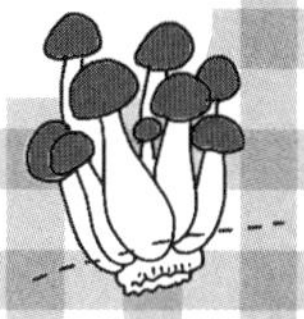

04
ドサ
お
なにか届いたの？
ん－？
ちょっと待ってね
持てる？
!。
お母さんから
なにかな？
ビリ
ビリ
私の好きな堅焼《かたや》きせんべいやん！
めっちゃ堅いよコレ
食べる？
歯が欠けるかもやけど
なにそれ
怖い（笑）
味は甘くて
おいしいよ
ゴロッ
!!
サバ缶もある
生で買うと魚は高いから
缶詰もらえると
うれしいな～
下処理しなくていいしね
おっ 歯ブラシも
入ってた
ゴソ
ガサ
ガサ

んー じゃあ今日はサバ缶メニューにしようかな
いいね!
とりあえず堅焼きせんべい食べよ
ゴキ
バリ
ガリ
※歯の弱い人は注意
やべぇ音しとる
よーし、やるぞー
あ、
そうめんゆでるからお湯沸かしといて
堅焼きも食べたし
了解
じゃあまず長ねぎをザクザク切ります
はいよ こんな感じ?緑の部分は捨てる?
ザクッ
そんな感じ!
緑のとこはきれいに洗って使えるよ 傷んでない限り使っています
なるほど じゃぁ全部ひと口サイズに切るね
夫くんは左利き。

ねぎは油を引いた鍋で炒めて
ジュワワワ
焼き目がついたら水を350㎖入れちゃう あとで煮るからここではあまり炒めすぎないようにしよう
トポポ
そして合わせた調味料を入れてひと煮立ちしたら
はーい
これなに入ってるの？すごいいい匂い！
じゅる
しょうゆとニンニク、しょうが、砂糖
そして中華だしを今入れる 冷たいと溶けにくいからね
小さじ2ね
我が家は半練りタイプを使用しています
中華スープの素
顆粒タイプよりもたくさん入っていて安くお買い得!!
どーんと大きいのを買うと1年くらい持つことも
そしてここで主役登場！
どん
いよっ

お鍋の中にサバ汁ごと入れちゃえ！
サ
ド
わぉ
いったね
入れちゃったぜ
それをまたひと煮立ちさせる間にそうめんゆでよー
バサササッ
すぐゆで上がるから水で洗ってヌメリを取って
あ
ザッ
そこのコーン開けて水切っといて
これか
はーい！
これもお義母さんくれたのね
コーン
そうそうそれも入れてくれてたのサラダにしようかと思ってさ
ザッ
サラダ油で炒めてめんつゆで味つけして少しのバターで香りづけ……
って
シャク
シャク
ザッ
コラ!!!
つまみ食い禁止（笑）
うまい
うまい
シャク
シャク
しゃきしゃきだよ!!!

もう！ 貸して 私やるから キャベツの千切りしてて
1/4のサイズのキャベツあるから それ半分くらいね
はいっ
ごめん 缶詰のコーン久しぶりに食べたら なんかめちゃおいしくて
じゃあ
そのまま食べる？ 私はバターしょうゆ風にしようかと
お願いします
トン
サラダ油をフライパンに少量たらす
トン
キャベツ切る音
コーンを入れて炒めて
バターは高いので香りづけ程度に！ 小さじ半分くらいかな
トン
ジュワワ
そこへめんつゆ大さじ1くらいを入れて絡める
ジュッ
うわぁぁぁ
殺人級のいい匂い
仕上げにお好みで追いバターをして溶けたらそれを千切りキャベツにのせて!!
うまそぉぉ
フライパンの中にたまってるソースも!!
バターしょうゆコーンサラダ完成！

よしっ
ホカ
ホカ
ホカ
いただきます
15分で かんたん・缶詰レシピ
ズリッ
おぉ！和風のあっさり魚介つけめんって感じ!!
ほんとだ
すごい和風だね ごま油とかたらしてみる？
私はもう少し魚介感が少なくてもいいかな
今度はサバ缶の水分を入れずにやってみよ
ふむ ふむ
オレはこのくらい魚介！ってほうが好き
ごま油入れるとうまいっ
ズルルル
魚大好きな人
ごま油

そして
コーンは?
あーん
パクッ
シャク
シャク
ん〜バターじょうゆ
ならぬ
バターめんつゆ!
クセになりそう〜!
タレがキャベツにもかかって
いるからドレッシングいらないし
パンに挟んで
ホットサンドでも
おいしそう
これ大皿で
食べたいな〜
コーン
それはちょっと……
どうなの

次の日
ん～っ
のび～
もうこんな時間か……
12:10
朝から掃除・洗たくして仕事ちょっとしたらお昼…
ひとり分お昼作るのめんどいなぁ
はっ!! こんな時こそ
あいつの出番!?
ちょん。
あいつ
みっくす豆
夫くんがあんまり豆好きじゃないからなかなか使えんけど今日はこれで楽チン昼ごはん作ろ～
送ってくれた母に感謝!

玉ねぎを1／4個スライスして……
ザク
ザク
ザク
ツナ缶の中に入っている油で玉ねぎを炒める
カパッ
ジュッ
ザッ
そこへ豆缶を全部入れる
※水気がある場合は水を捨てる
水は400mℓくらいを入れて
ひと煮立ちしたらコンソメ・ケチャップ・塩こしょう・砂糖を少々入れて
ツナとごはんを入れて温め直せば……
豆スープごはんの完成!!
15分でまんぷくスープレシピ
ホコ
めちゃ楽チン！
いただきまーす
ホコ

はぁぁぁ………
うまー
ケチャップだけなのに
ミネストローネ?
ってくらいトマト感
はぐ
豆もやわらかすぎず
ナイスなゴロゴロ
水じゃなくて
トマトジュースで
煮たら
最高かも……!?
お! ツナは最後に
入れたからしっとり
はぐ
タンパク質たっぷりで
噛みごたえのある豆スープ
だからごはんも少ししか
入れてないし
ヘルシーだな!
夫くん今日は
飲み会で晩ごはん
いらないし
夜もこれでいいや
ごはん足そっ
よお〜し!
残りもがんばるぞー!!
ギィッ

Recipe

お料理初心者でも魚料理！

魚料理はハードルが高いと思われがち。
ならばまずは魚の缶詰を使ってみませんか？

つけめんとサラダで15分くらい

2品で307円

サバの和風つけめん

そうめんが一気に“特別”に

- そうめん２束
- 長ねぎ２本
- サラダ油 大さじ1
- 水350 ml
- A
  - しょうゆ 大さじ1
  - ニンニクチューブ3～4cm
  - しょうがチューブ3～4cm
  - 砂糖 小さじ2
  - 中華だし 小さじ2
- サバ缶 1缶

① 鍋にお湯を沸かしそうめんをゆでておく。

② 長ねぎを２本ザク切りにし別の鍋に入れサラダ油で軽く炒める。

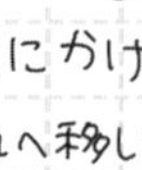

③ ②に水とAを加えて火にかける。
（そうめんがゆで上がったらザルへ移しておく）

④ ③にサバ缶を汁ごと入れひと煮立ちしたら完成。

バターじょうゆコーンサラダ

間違いない!!
みんな大好き

①コーン缶の水気を切ったものを
小量のサラダ油を入れたフライパン
で炒める。

②フライパンのふちにめんつゆを
たらし全体に絡めつつ炒める。

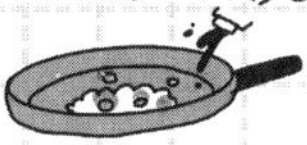

③香りづけ用のバターを少し入れ、
よくまぜたら千切りキャベツの上に
のせて完成。

- コーン缶 1缶
- サラダ油 少々
- めんつゆ 大さじ1
- バター 少々
- 千切りキャベツ$\frac{1}{8}$玉分

めんつゆは
2倍希釈を
使っています!

お豆のごろごろケチャップスープ

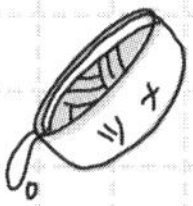

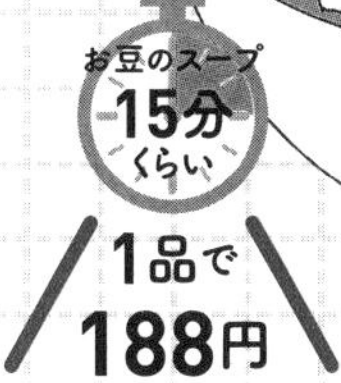

- 玉ねぎ$\frac{1}{4}$玉
- ツナ缶 1缶
- 豆缶 1缶
- 水 400ml
- A
  - コンソメ1粒
  - ケチャップ大さじ1
  - 塩こしょう少々
  - 砂糖1つまみ
- ごはん 100g

① 玉ねぎを薄くスライスしツナ缶の油を使って炒める。

② ①に豆の缶詰を1缶全部入れ、水も加えて火にかける。

③ ひと煮立ちしたら②にAとごはんを入れてさらに煮る。

④ 最後にツナを加え軽くまぜたら完成。

料理の失敗を減らすには
味つけの方程式をおぼえる

「今日は中華が食べたいな」「和風でほっこりした味がいいな」と思った時に“どうやって味つけするんだ？”と悩むこと、ありますよね？ でも実は、調味料を加える量と種類の方程式をおぼえてしまえば、料理の失敗はグーンと減るんです！ これさえマスターすれば、冷蔵庫の食材をぱぱっと炒めて、味つけの方程式通りの調味料を入れればあっという間においしいひと皿ができあがりです！

煮物を作るとgood!!
万能和風だれ
みりん1
しょうゆ1
酒1

これをおぼえておけば、「ぶりの照り焼き」も「きんぴらごぼう」なんていう難しそうな料理もかんたんにできちゃいます。このたれにチューブのしょうがを加えて豚肉と炒めれば、「しょうが焼き」に！

ニンニクを少し入れてガツン!!!とくるタレにしても!!
万能みそだれ
酒1
みりん1
砂糖1
みそ2

野菜炒めをみそ風味にしたいならこのたれを野菜や肉を炒めたあとにまわし入れて。冷蔵庫に使い切れていないすりごまがあったら、ぜひたれにイン！**〝香ばしさ&こってり〟がアップしてごはんが止まらないですよ！**

中華だれ
いつもの味にあきたらぜひ作ってみて!!
酒1
しょうゆ1/2
中華だし1

お店には「鶏ガラスープだし」や「中華だし」とさまざまな商品がありますが、**ひとつだけ買うなら「中華だし」がオススメ。**「中華だし」には鶏ガラのエキスに加えてオイスターソースやポークエキスも入っていて、味が決まりやすい。中華だれに軽く火を通してアルコールを飛ばしたものを、シリコンスチーマーで蒸した野菜にかけると、エンドレスで野菜が食べられますよ！

洋風だれ
ハーブ入りの塩こしょうもオススメ!!
酒3
コンソメ1
塩こしょう少々

コンソメは固形と顆粒などさまざまな種類がありますが、**顆粒のほうが量の調節がしやすくオススメ**です。洋風だれにカットトマトやケチャップを入れればトマトベースに、牛乳を加えるとクリーム風味！　ちなみに「ブイヨン」と「コンソメ」は別物。完成されたスープの素の「コンソメ」を買いましょう。

究極サボりだれ

たれを作るのが面倒くさい人は、めんつゆを活用してみて！　たとえば煮物を作るのに「万能和風だれ」を使うこともできますが、面倒ならめんつゆだけでもOK。塩っぽさが気になる人は、みりんを少し加えると、まろやかになりますよ。

めんつゆ＋バター

肉じゃがをめんつゆで煮る際に、バター少しを入れてみて！　コクが出て、ちょっと洋風な味のいつもとは違う肉じゃがになります。

めんつゆ＋はちみつ

かぼちゃの煮物もめんつゆで煮ればバッチリ！　でも、**ここにはちみつを入れて煮ると、こっくり甘くてお母さんが作ってくれたような懐かしい味に！**

食費を2万円に抑えるコツは??

とにかく食費の2万円を最初に入れるのがポイント!

食費用のサイフを作っちゃう!!
レシートは1週間くらいで捨ててきれいにしてます
我が家はふたりでひと月2万円!! お給料日にサイフへ入れて共有して使っています

足りない分をそのつど銀行からおろしていると予算オーバーに!

食費サイフ忘れた!!
荷物が増えてめんどくさ…

こんな時は……

〇〇円です
とりあえず自分のサイフから出しておいて
家に帰ったら食費サイフから精算します
かなりゆるくやってます(笑)

STORY

05

外に飲みに行かなくても大満足！

激安おうち居酒屋開店しました

おつきあいで飲みに行かなくてはいけないのはわかっているけど、回数がかさむとそれだけ出費もかかるし、ふたりの時間も減るわけで……。ならば、居酒屋顔負けのメニューを作ってみようということで、お酒がすすむおつまみ3品を15分でチャレンジしてみました。おうち居酒屋、本日開店でーす。

ピリピリ
ねぇねぇ
ごめんって
あんまり飲みに行かないでっていってたのに
先輩の誘いだしたまにはさー
BOOO
BOOO
最近多いし!!
帰るのも遅いし服も脱ぎっぱなしだしその辺で寝落ちしてるし
AM 1:30
!?
風邪引いても知らんからね
毛布かけるこっちの身にもなって!!
ぐちゃー
レシート
……スミマセン……
ところで
さいふから出てるくしゃくしゃのレシートは昨日の飲み会のよね!?
ねぇ?
ゴゴゴゴ
えっ
いやっ
ひぃっ

え!? 1万2千円??
いや、3人で割り勘だからっ!
それでも1人4千円!?
今月3回目だよね飲み会
いざかや
…………
ハイ……
うちの食費の6日分じゃん!!
来月は友達の結婚式もあるっていってたよね
うっ………
じと…
でもまぁ それはおこづかいから出しているし いいとして
連絡はもっと早くしてね
一緒に食べると思って待ってたんだから
それは本当にごめんよ
やらかした…
うーん……
怒ってるな トホホ
高いし
下戸
私だって居酒屋に行きたい(本音)飲めないけどさ
え
行きたかったのか!? ごめんね 今度一緒に行こうね!
ホッ
作る
えっ?

高いから家で作るぞ!!
はっ
はいっ!
ピシッ
まずナスを縦半分に切る
今日は面倒くさいからアク抜きはなし!
それを野菜炒めより多めの油で揚げ焼きする
ジューーッ
パチッ
あちっ
たまに油がはねるから気をつけて!!
ナスを焼いている間に鶏皮を焼こう
スーパーで鶏肉が特売だった次の日とかに売っていることが多いんだよね
お皿にクッキングシートを敷いて鶏皮を並べて塩と七味を振る
ブーン
それをレンジでチン! 600Wで1~2分かな?
ペーパーで出た油を取ってまた1~2分チン
ふにゃふにゃならもう1分ずつ様子を見ながらチンして
パリパリになったら完成!!

うわぁ こんな カチカチに なるんだね
おせんべ みたい
ぱり ぱり
すごっ
今まで フライパンで がんばっていたけど レンジでも十分だね！
油もふき取れるし ヘルシー!!
さて次は……
フッ…
サッ
おぉ!?
なんだなんだ なにか 持ってる！
シュバババ!!
速っ
大葉！ ねぎ！ きゅうり！ を千切りに しておくっ!!

あ
大葉切ったけど あとでナスに使うから よけておいて
てっきり 今使うのかと 思った
まとめて切った ほうが楽でしょ
ボウルにメンマを入れて さっき切ったきゅうりと ねぎをまぜるだけ！
ドサッ
そこへ ラー油を お好みで
PUSH
オレ 辛いの好き！
ラフにまぜたら かんたんおつまみメンマ 完成！
いやぁ それは ビールだねっ!!
ぺんっ

？
……
あなた飲んできたんでしょう？
……オフロ洗ってきまーす
カラリ
あ
そうだ　ナス！
揚げ焼きしてペーパーの上に置いてたからいい感じに油がきれてるハズ
めんつゆでももちろんおいしいんだけど
今日はこれ!!
パラパラ
塩こんぶを和える！
いや　これは絶対おいしい
勘だけど
塩こんぶのうま味が効くとみた！
多分!!
まぜまぜ

そこへさっきの大葉をちょこんと
チョコ
うん いい香り
よ〜し
激安おうち居酒屋
開店!!
カランカラーン!!!
お できたの?
オフロ洗ったよ〜
15分で居酒屋おつまみレシピ
鶏皮せんべい
揚げ焼きナスの塩こんぶ和え
まぜるだけメンマ
ジンジャーエール
わあ
酒がすすむメニューばっかりじゃーん!!

もちろん今日はノンアルで！
もっ
もちろん
ビシッ!!
はい
ジンジャーエール
ハイ!!
じゃあ
メンマから
いただきます
シャク
シャク
パク
!!
メンマの塩気で
きゅうりいい感じに
しんなりしてる！
うま
ねぎとラー油も
パンチ効いてるね
グビ
やったね！
じゃぁ私は
ナス食べよー
これ勘だけど
絶対おいしい
いや
オレもそう思う
パク
……！
な、
なに!?
ジーン
ただの揚げ焼ですら
うまいのに
塩こんぶと和えたら……
あかんうまさや
最強
うまみが
ジュワ～

うんまっ……!!
やろやろ!?
これ作った私をもっとほめて
Fooo!
天才っ！さすがっ！
イェーイ
Fooo!!
鶏皮は？
スナックみたい
七味かけてるけどマヨをつけてもおいしいかも
パリ
七味マヨってスルメちゃうねんから（笑）
……
ほんとやねマヨ合う
パリ
噛めば噛むほど味が出てきてうまいな
やろ
パリ
カロリー怖いから私はつけへんけど
!!
ジンジャーエール
空
はぁーっ
お腹いっぱい炭酸が効いてる
げふ～
満足
食べたし飲んだぞー！

今 けいちゃんと ジュース飲んでて 思ったけど…
ん?
オレ
ジュースでも いいかも
外で飲むの 控えるね
マジか!?
……
ホントに できる?
うっ
なるべく がんばります!
なるべく かい!
いきなりは 無理だよね
まぁ
そう思ってくれるだけ 進歩かな?
とりあえず ここのところ 続いてたから
ニコニコ
1週間禁酒ね
!?
……
ハイ
ガーン!!

Recipe 5

お酒がすすむ居酒屋風おつまみ

外で飲むのもいいけれど、たった15分で
激ウマおつまみを作って家飲みもいいですよね？

15分くらい

3品で239円

ナスのおいしさが引き出まくり！

揚げ焼きナスの塩こんぶ和え

水分があると油がはねてあぶないよ！

① ナスは縦半分に切り、余分な水分はふき取っておく。

② ①をサラダ油を入れたフライパンで揚げ焼きにし、キッチンペーパーの上に置いて油を切っておく。

③ ②に塩こんぶを和え、千切りした大葉をのせたら完成。

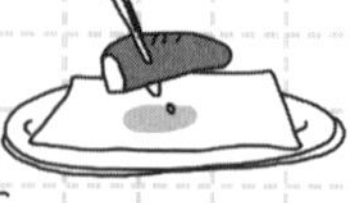

- ナス 2本
- サラダ油大さじ2
- 塩こんぶ 4gほど
- 大葉 3枚くらい

鶏皮せんべい

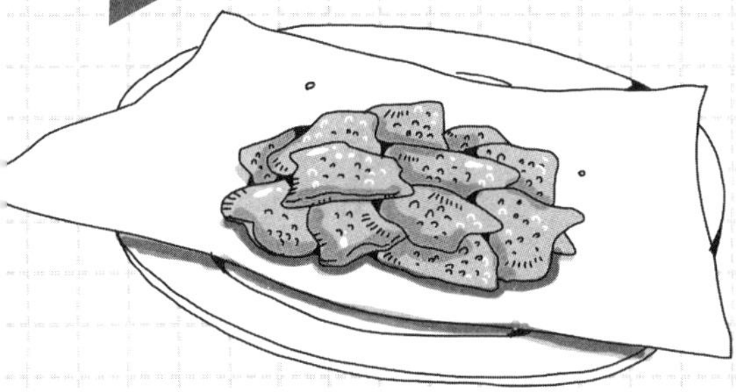

① 鶏皮をクッキングシートの上に並べ塩と七味を振る。

※ 鶏皮が大きい1枚サイズでしか買えなかった場合キッチンばさみで切ると楽チン！

鶏皮だけ売ってる日があったりする
（鶏肉特売日の翌日など）

② ①を600Wのレンジで1～2分チンし出た油をペーパーでふき取る。

③ 再び1～2分チンしてお好みのかたさになったら完成。

（ちょいしんなりが私的においしい…）

- 鶏皮 100gくらい
- 塩 少々
- 七味（お好みで）
- マヨネーズ（お好みで）

まぜるだけ！

超カンタンおつまみメンマ

① きゅうりと長ねぎを千切りにする。

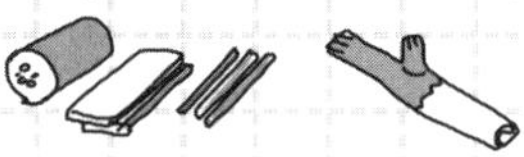

② 市販のメンマをボウルに出す。

③ ①と②をまぜラー油をお好みでかけて完成。

- きゅうり $\frac{1}{2}$本
- 長ねぎ $\frac{1}{2}$本
- 市販のメンマ1袋
- ラー油 少々

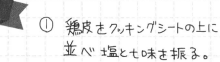

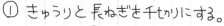

時短朝ごはん メニュー〜

きゃべたまトースト

トーストが お皿がわり!!

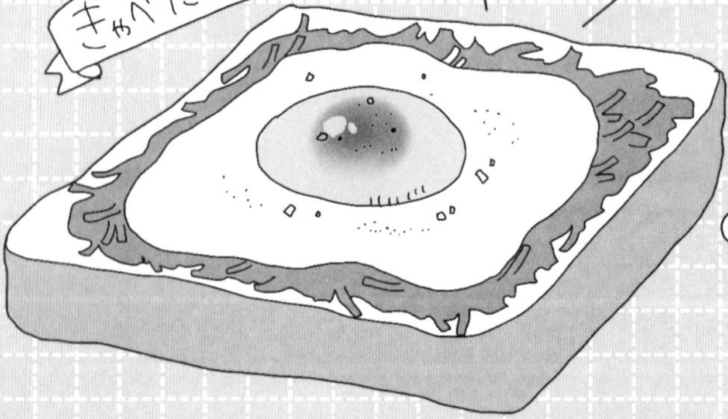

① 食パンに千切りキャベツを輪っか状に置く。(卵ポケットを作る)

② ①の上からマヨネーズをもりもりかける。

③ ②の上に卵を落とす。

④ トースターで5〜6分焼いて お好みで塩こしょうをかけたら完成!!

塩麹ハニートースト

甘じょっぱい!! 最高!!

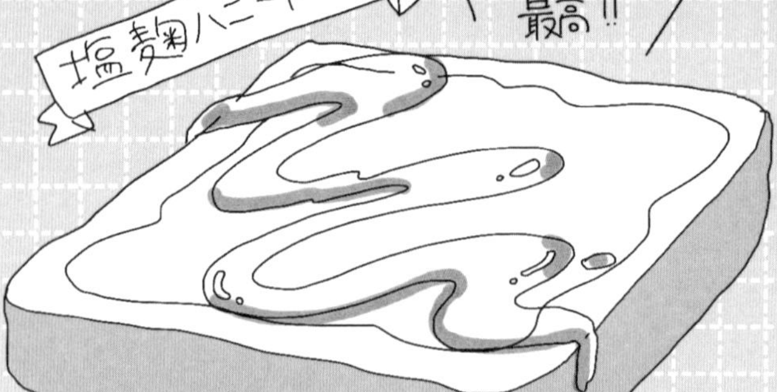

① 焼いた食パンに塩麹をぬる。

② 上からハチミツをお好きなだけかけて完成!!

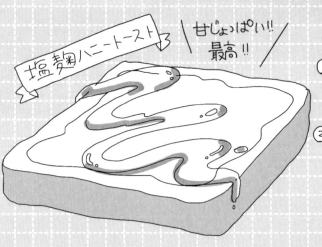

STORY

06

誰でも作れる超スピード料理

腹もち大満足の 男子大好き パワー飯レシピ

たまにはがっつり炭水化物と、味が濃いめの料理が食べたいことありませんか？　さっと炒めるだけの焼うどんや、具材をまぜるだけのおにぎり、ゆでるだけの副菜なら、料理があまり得意じゃない人でもすぐにできて、味＆お腹も満足するはず。料理のレパートリーを増やして、目指せ、家事メン！

06
ハニー!!
どん
ただいまー! 早く帰れて ラッキー!!
って
ズモモモ
〆切
まっしろ
し
死んでる…?
大丈夫…?
ごはん どうしようか?
作ろうか
……ん?
ちょっとまってね…
ブツブツ
いやまてよ
こうして
ムクリ
ブツブツ
ササササ
まくり
よーしっ
まくり

冷凍うどんは……あったあった
ガチャ
カチッ☆
ボオオオオ
うどんはレンジで2ついっぺんにチンほぐれるくらい解凍したらOK
ブーン
ザク
ザク
その間にキャベツと玉ねぎをざく切りにして
ザク
火をつける前のフライパンに放り込む
ザク
ザク
ザク
油も火をつける前に野菜にまわしかけて
ポタタッ
火加減も弱火にすると野菜炒めが水っぽくならないんだよね！
ジュワッ
野菜がしんなりするくらい炒めたら大皿によけておいて
同じフライパンで豚肉を炒めて肉に火が通ったらその野菜をまたもどす
タン☆

うどんも
ナイスタイミング
でチンできた
ホコ
ホコ
フライパンに
うどんも入れて……
だししょうゆ
で炒める!!
ジュワヮワ
ワワ
うはっ
いい匂いする〜!

仕上げに粉末のだしをパッパ
軽くまぜて
完成!!
最後にかけるといい匂い。
ボコボコ
お お湯も沸いた!
弱火にしといて正解
時間管理できてるぅ
食べやすくほぐしたえのきを鍋に入れて
1分くらいゆでる
水気を切って
ザッ
ボウルに えのき 梅肉チューブ (5~6cmくらい) かつおぶしを入れてまぜる
梅
かつお
んっ!!
酸っぱいけどうま
ペロ

ぐうううう
味見したら ハラ減ってきたー
あとなにか作らなきゃ けいちゃんはともかく オレがうどんとえのき じゃ足りないし
あ
もしや
パカッ☆
やっぱり
朝のごはん 保温しっぱなしで 忘れてるな
でも今は ちょうどいいや♪ 全部使っちゃえ
あちちっ
おひつにめんつゆ 天かす 青のり 粉チーズを ぶち込んでまぜる チーズが アクセント!
それを 握れば
ツヤ
ツヤ
テカ
ひと口食べたら 止まらない チーズが香る たぬきおにぎり の完成!!
テカ
テカ
ツヤ

なんとか……
ヨロ
ヨロ
ひと段落
コーヒーいれよ……
あ
けいちゃん
は
ごはん……
ごめん
オレ作ったから大丈夫よ
ちゃんと食べてね
え!!
作ってくれたの
!!?
疲れてるのにごめんね
およよよ…
集中すると一気にやり終えたいタイプ&お腹がすかない人
お互い様でしょ
あなたも仕事やし
神
じゃぁお風呂入ってくるからゆっくり食べとき
うれしい
いただきます
20分でやみつき男飯レシピ
ドーン
ぱむっ
おお…!!

ズッ
今日初めて ちゃんとした ごはん 食べた……
うま
焼きうどんの野菜がすごいおいしい
シャキシ
シャクシャ
だしの香りもちゃんとするし
焼きうどんはソースよりしょうゆ派～
えのきは
かつおぶしと?
ヒョイ
UME
KATSUO
あ
梅が入ってるんだー
パク
すっっっー
ひいいい
疲れているとよけいに酸っぱく感じるとかいいますよね
すっぱ!!!
茶……
ふい～ 酸っぱいけどおいしい
体に効いてんのかな
!
おにぎり忘れてた わりとお腹いっぱいだけど

心なしか小さめに作ってくれている気がする
これくらいならいけるな
はぐ
!!
うんまー!!
ちょと!
なに??
おーいおい
神の食べ物かこりゃ?チーズの風味がうまいよぉ～
ガチャ
……
喜んでくれているのはうれしいけど
それカロリーやばいからね
ドゴ
ぐっ

ゔ～
わかってるよ～ もう やめとくよ～
あ
ごはん全部 食べたね エライエライ
うん！ ぜーんぶ おいしかった
ありがとね
ごちそうさま
いいえ
でもオレ カンタンなのしか 作れないからなー
う～ん
今日も茶色い メニューばっかだし 夜に食べるの どうなの？
ザ・男飯だもんな
まぁ確かに 茶色いし カロリー 高いね
太っちゃうよ
ガーン
でも!!
そ
そっか……

とってもうれしいし
おいしかったので
またぜひ
お願い
します!!
オイシイ
ツクッテ
モラウン
シアワセ
シアワセ
そんな喜んでくれる
ならもっと作るよ
へへっ
ワーイ!!
心の余裕がない時に
作ってもらったごはんは
コラー!!
ねるなーっ
ブオオ
それはそれは
おいしくて
あたたかいものでした——

Recipe

炭水化物ましましのパワー飯

しょうゆが香ばしい焼きうどんと、チーズとめんつゆの和洋折衷ハーモニーでエンドレスに食べ続けられる！

20分くらい

3品で250円

ザ・男飯

しょうゆ焼きうどん

野菜が激ウマ！

- 冷凍うどん2玉
- キャベツ$\frac{1}{8}$玉
- 玉ねぎ$\frac{1}{2}$個
- サラダ油 大さじ1
- 豚こま切れ肉100g
- だししょうゆ大さじ2.5くらい
- 顆粒和風だし少々

① 冷凍うどんを袋に記載してある表示に従い解凍しておく。

② キャベツ、玉ねぎをザク切りにしてフライパンに入れ、火をつける前に油を野菜になじませてから炒める。

③ 炒めた②を皿に移しておき、そのフライパンを洗わずそのまま肉を炒める。

④ 肉と野菜を再び合わせ、うどんを入れてだししょうゆと顆粒和風だしで味を整えたら完成!!

えのきの梅肉和え

① 鍋に水を沸かす。

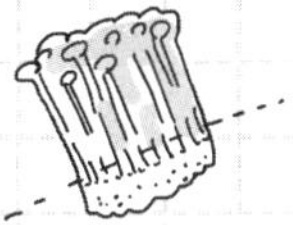

② えのきの石づきを切り、食べやすくほぐしたら沸騰した①でさっとゆでる。

③ ②の水気を切り、梅肉チューブとかつおぶしを和えて完成。

- えのき 1袋
- 梅肉チューブ5〜6cmくらい
- かつおぶし1袋

粉チーズ香るたぬきにぎり

カロリーなんて気にしない！

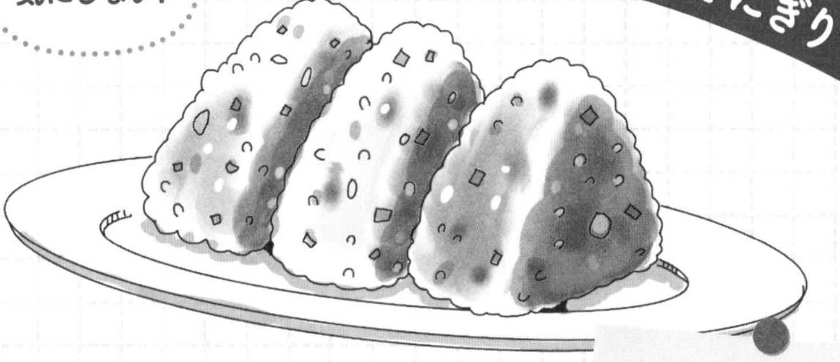

① 温かいごはん300gくらいを用意する。

② ①にめんつゆ、天かす、青のり、粉チーズを加えてよくまぜ、好みの大きさににぎる。

- 温かいごはん300g
- めんつゆ大さじ2
- 天かす 大さじ2くらい
- 青のり 小さじ1くらい
- 粉チーズ(お好みで)

めんつゆは2倍希釈を使っています！

食材をおいしいまま

長持ちさせる保存のワザ

お買い得なタイミングでスーパーに行ったなら、せっかくだから多めに食材を買っておきたいもの。でも、使い切れずに捨てることもありますよね。安心してください。冷蔵と冷凍には、最適な保存方法があるのです。肉や野菜をおいしいまま長持ちさせることができますよ。お買い物から帰ったら、すぐに下準備にかかりましょう!

肉

お肉は空気に触れて酸化するとおいしさを損ないます。また、雑菌がつきやすくなるのを防ぐためにも、**食べ切る量をラップに小分けに包みましょう。**ラップで包んだお肉をジッパーつき保存袋に入れて保存すると、霜がつくのを防げます。また、解凍しやすいようにスライス肉などは薄く重ねて、ひき肉なども平たくして保存しましょう。みそ漬けなどにして保存をすれば、解凍してすぐに調理ができるので便利ですよ。ちなみに**肉の冷凍保存は1ヵ月が限度です。**

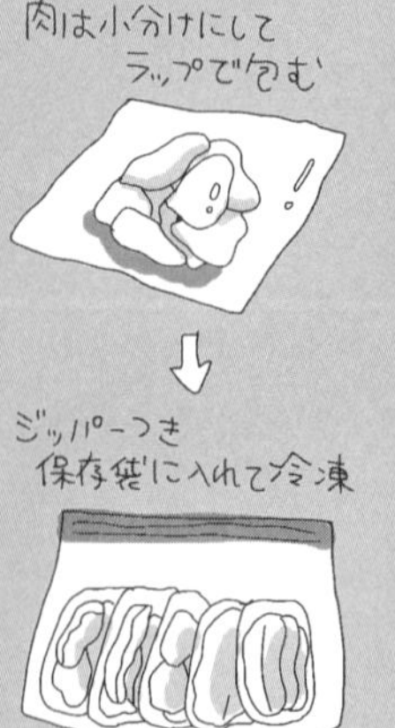
肉は小分けにして
ラップで包む
ジッパーつき
保存袋に入れて冷凍

魚

魚を購入した時に、トレーに赤い液体が溜まっているのを見たことありませんか？ これらの水分を拭かずに、そのまま冷凍をしてしまうと臭いの原因になります。まずはさっとキッチンペーパーなどで**水分を拭き取り、ひと切れずつラップに包んで**からジッパーつき保存袋に入れて冷凍しましょう。解凍する時は冷蔵庫の中でゆっくり行なうこと。ちなみに**生のまま冷凍保存した魚は2〜3週間、みそ漬けなど下味をつけていても3〜4週間が目安です。**

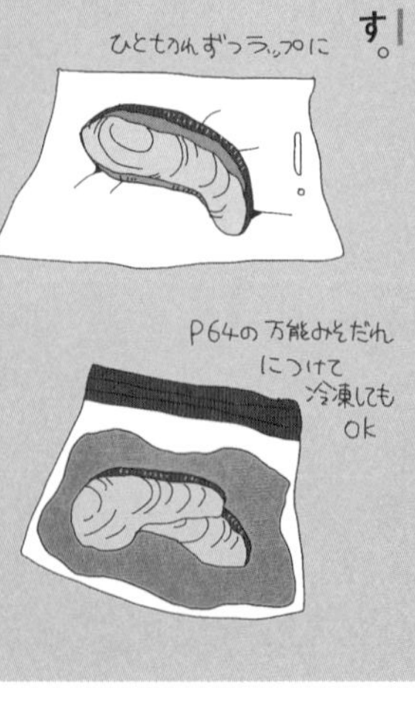
ひと切れずつラップに
P64の万能みそだれ
につけて
冷凍しても
OK

野菜

野菜はドロと水分を取ることが大切。そこから菌が繁殖するので、きれいにしてから、ジッパーつき保存袋に入れましょう。そこまでするのが面倒なら、**できるだけ育った状態と同じように保存**。たとえばほうれん草であれば地面から上に向かって生えているので、冷蔵庫の中でも根元を下に、立てて保存をするといいですよ。大根やにんじんなど使い切らなかったら、切り口をぬらしたキッチンペーパーで包んであげると乾燥を防げます。

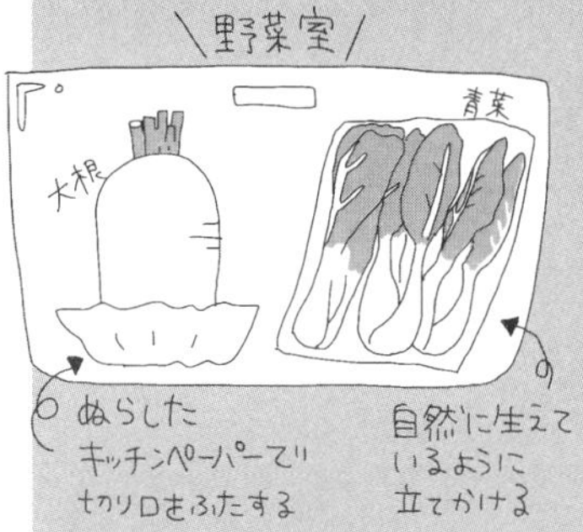

野菜室
青菜
大根
ぬらしたキッチンペーパーで切り口をふたする
自然に生えているように立てかける

Point

キャベツ：**食べやすいサイズに切って冷凍を。**炒め物にするなら解凍せずにそのまま使える。

トマト：ヘタを取って丸ごと冷凍OK。**凍ったまま擦り下ろす**とトマトソースに活用できます！

玉ねぎ：**千切りかみじん切り**にして冷凍すると、甘みがアップ！

大根：大根は**冷凍すると味が染みやすくなる**ので、冷凍がオススメ。

葉物：冷凍保存は可能ですが、解凍後は生食には向かないものもあるので火を通しましょう。

きゅうり：冷凍すると歯触りがイマイチ。塩もみして水分を抜いてから保存すれば**ポテサラ**にぴったり！

調味料

塩や砂糖、酢、食用の油は常温で保存をしてもOK。でも、それ以外は冷蔵庫で保存をして。しょうゆは塩分濃度が高いので腐敗しないけれど、冷蔵をすることで新鮮さをキープできます。**注意したいのはみりん。**本みりんはアルコール度数が高いので、常温保存でも問題はありませんが、みりん風調味料はアルコール度数が1%前後なので、**冷蔵庫で保存をして！**

常温
本みりん
酢
酒
塩
砂糖
本みりんは常温でOK
冷蔵
みりん風調味料
しょうゆ
みりん風調味料はアルコール度数が低いので冷蔵マスト！
しょうゆは腐らないけど入れたほうが鮮度を保てるよ！

いつも使っている食器

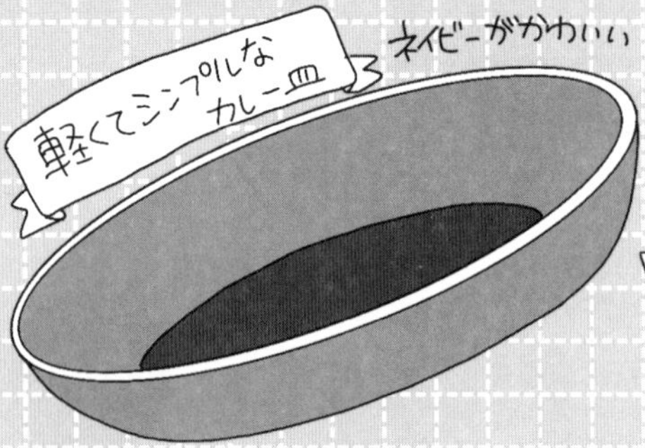
軽くてシンプルな
カレー皿
ネイビーがかわいい

これひと皿でなんにでも
使えて便利!! カレー、パスタ、
おかずが少ない時はまとめて
ワンプレートにしちゃう!!

同じ種類の
カトラリーたち

同じ種類だから
「私のおはしがない!!」を
防げる!! ストレスフリ〜!!
1本折れても大丈夫!!

↳これすごく助かる

たっぷり入る
大きめマグカップ

夏でも冬でもマグカップ!!
冷・温どちらでもいけるから
これがあればかさばるグラスは
いらない!!(お客様用は別)

同じ色にしておけば夫くんも
自分も使いやすい!

STORY

07

お高い食材は工夫でのりきる

お手軽な野菜が まさかの大変身 リッチ食材風レシピ

食費に限りはあるけれど、たまには旬のものや、お高い食材の料理が食べたい。とはいえ、使えるお金は限られてるわけで……。ならば、いつもの食材にひと工夫してみませんか？　食材に切り込みを入れてみたり、大きめにカットして見たりするだけで、食べごたえも料理の見た目も一気にランクアップ！

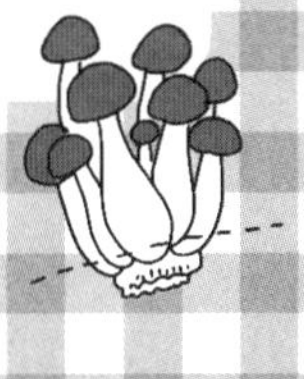

はー!!
気持ちいい〜
オワッタ…
データも無事に納品したし
Send!!
しばらく気楽だ〜
肉・焼きとり
ガヤ
ガヤ
わーおいしそうなのいっぱい
お肉に
お魚
ホタテ……

なんて立派なホタテ!
すごっ
でん
おっ
お姉ちゃん今日のはいいホタテだよ
ひとつ400円!
ズ
400円?
!?
シ
ひとつ??
ひとつ400円!!
why??
?
あっ! ほかにもいろいろ見てから
決めようかなぁ~
そそくさ
ありがとうございますぅ
うふふっ
いやーまいった
いくら締め切り明けとはいえ給料日はまだ先だし
でも
おいしそうだなあの立派なホタテ
夫くんも好きだなぁ~
ってダメダメ!!
ひとつ400円はさすがに
ブン
ウォォォ
ブン
しっかりしろ私1日の食費オーバーだぞ!
サイフ
似たもので代用しよう
せつやく せ
やくせつやくせ
くせつやくせ
せっ
安いもので気分をリッチに
ボリューミーで
いつものスーパーへGO!!

え!!
2パックで100円!?
安っっ
エリンギ
ハッ
これだ!!
なんかこんなレシピあったな
お
スッ
エリンギ?
そうなの
これをホタテに見立てようと思って
スッ
スッ
スッ
!?。。
エリンギを?
スッ
スッ
ホタテくらいの厚さに切ったエリンギに格子状の切り込みを入れる
フライパンに油小さじ1くらい入れて
エリンギを片面ずつじっくり弱火で焼く
ジュー

そこへひと口大に切ったねぎを入れて炒めて塩こしょうと香りづけ程度のバターで味をつける
パラパラ
じゃん!!
シンプルなエリンギのホタテ風ソテー
ホタテっぽい見た目!
ピピピピ
ゆで卵だ
うまそ…
ザバァアアア
すぐ水で冷やして
うまくできたかな…ひとつ割って
うわ
ぱか…
トロ…
めっちゃいい感じの半熟じゃんさすが!
フハハ!
イエーイ
何分ゆでたらこんな半熟になるの?
沸騰していない水のままの鍋に8分
ちなみに冷蔵庫から出してすぐの卵ね
へぇ~

これレンジで600Wで3分チンして～
洗ってラップに包んだじゃがいも
はーい
その間に鍋にオリーブオイルを入れて刻んだキャベツを炒める
ザカ
ザカ
大きさは適当でOK
クタっとしたら水200ccと和風の顆粒だしを入れてひと煮立ち
コポポポ
だし
煮えたら牛乳200ccを入れて
みそ大さじ2を入れる
マジ??
ギョッ
大丈夫！合うから
チンしたじゃがいもはねぇ皮をむいて
ひと口サイズに切ったらさっきのゆで卵とまぜるの
あちち
じゃがいも
大きめに割ったゆで卵2つ
ゴロ
ゴロ
ゴロ

マヨと塩こしょうで味つけをして
にゅるにゅる
どれくらい?
大さじ1とかかな～私はテキトーだけど
まぜまぜ
はい! 完成
具が立派だねぇ
どん
じゃがいも潰す手間なし。
卵が半熟なのがうまそうー
食べよ食べよ
20分でお腹も懐も満足レシピ
わーいいただきまーす
待って! おみそしるはまだ未完成なの
ちぎったチーズを入れます
チーズ
え!?
ちょっとトロけておいしいよ!

オレ　いいかな…
逃
まぁまぁ
待ちたまえ
ガ
シ
ズズッ
………
はぁ
捕まった人
んまいわ
だろ
あーん
今日ね めちゃおいしそうな ホタテがあって
エリンギじゃない 本物の
でもひとつ400円も したから高いし ほかの食材で代用 できないかなって
ハグッ
エリンギ　うまっ
え
食感がホタテだ(笑) バター風味が リアルな感じに 近づけてる！
いつも工夫して 安い食費で がんばってくれて ありがとう けいちゃん

――――
うれしい…
うん……
へへっ
ほんとエリンギおいしい
ねーねー この切れ目が 細かいほうが よりホタってっぽい のかな
そうらしいよ!
今度は しょうゆで 焼いてみよー
それもいいね!
今日めっちゃ エリンギ安くてー
マジー?
あ
卵サラダ しっとりしてる
もぐもぐ
具が大きい から満足度も 高いし
半熟卵と マヨは罪
うまいだろ!!
反則だな

マヨも卵使ってるし
卵まみれやね
ちょっw
それ
ほめてるの?
絶賛よw
はー
食べたし
笑ったし
全部
おいしかったよー
お風呂に入る前に
ふたりして
このまま
寝ちゃいそう
あ　そうだ
けいちゃん
?

次お給料入ったら
おっきいホタテ
買おうね
やくそく
え……
ゴロ
うーん
そうだね
でもひとつ
400円はなぁ
もう少し
安いのね!
えーっ!
いいやん
たまには
パーッと
ちぇー(笑)
ふ
そんないうなら
じゃ今度
パーッと
回転寿司でも
行っちゃおっか!?
お
いいねー!
たまにはね
こういうお楽しみがあるから
節約もがんばれたりするんです
ガマンばっかりは
体によくないからね

Recipe

高級食材をお値打ち商品で再現

食材や切り方を工夫して、食べごたえのある
高級風ディッシュに。クリーミーなみそしるもオススメ。

20分くらい

3品で245円

エリンギのホタテ風ソテー

まるでホタテ！一度試してみて～

- エリンギ１パック
- サラダ油 小さじ1
- 長ねぎ太め 1本
- 塩こしょう 少々
- バター小さじ$\frac{1}{2}$

① エリンギを ホタテくらいの厚みに
輪切りにして格子状に切れ目を入れる。

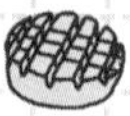

② フライパンに少量のサラダ油を入れて
①の両面に焼き目がつくまで焼き、
ひと口サイズに切ったねぎを加えてさらに炒める。

③ 塩こしょうで味をつけ、仕上げに香りづけ
程度のバターを加えて まぜたら完成。

半熟卵のゴロゴロポテサラ

わが家の
定番
PART2!

- 卵 2個
- じゃがいも中〜大 1個
- マヨネーズ 大さじ1
- 塩こしょう少々

① 鍋に水と卵を入れて8分ほどゆで、半熟ゆで卵を作り水で冷やしておく。

② じゃがいもを600wのレンジで3分ほどチンして、皮をむいて食べやすい大きさに切る。

※じゃがいもの加熱具合でレンジにかける時間は調整して下さい。

③ ①のゆで卵をむいて手で割り、②と合わせてボールに入れ、マヨネーズと塩こしょうで味を整えたら完成。

黄味がたれるかもしれないのでボールの上で割ってね!!

合う!? 合うんです!

ミルクチーズみそしる

① キャベツ1/8玉をザク切りし、鍋に入れてオリーブオイルで炒める。

② ①に水と顆粒だしを入れてひと煮立ちさせたら牛乳とみそを溶き入れる。

③ おわんに②をよそい、小さく手で切ったチーズを入れたら完成。

余熱で溶かす!

- キャベツ1/8玉くらい
- オリーブオイル小さじ1
- 水 200ml
- 顆粒和風だし少々
- 牛乳 200ml
- みそ 大さじ2
- プロセスチーズ1個

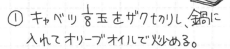

いつも使っている調理器具

ミルクパン
ここが木
見た目がめちゃオシャレ～

直径12cmくらい。
ふたり分のおみそしるや
ミルクティーなど
小量作りたい時に
便利!! 見た目もかわいい
のでテンションが上がる。
ネットで購入。

重ねられるフライパン・鍋
ずっしり

収納に!!! 困らない!!
大きめのフライパンと鍋は
このシリーズで統一。
引っ越し祝いに頂いたもの。
取っ手が取れる～!!
大きいものは直径28cm。

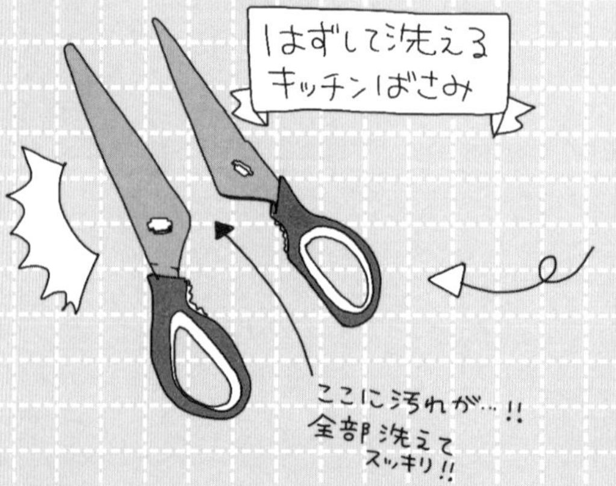
はずして洗える
キッチンばさみ
ここに汚れが…!!
全部洗えて
スッキリ!!

包丁を出すのが面倒くさい
時はちゃちゃっとこれで!!
(薬味とかお肉とか)
はずせるから衛生的!!
100均でも売ってる。

STORY

08

ファーストフード店も驚き

おうちで 手間なし ジャンクフードレシピ

お店の前を通るだけで不思議と食べたくなるファーストフード店のあの匂い。でも節約中は気軽に行けないし、ヘルシーさを考えるとためらってしまう。それなら自宅で作っちゃおう！　手を汚さずお肉をこねて、フライドポテトも食材を替えれば、びっくりするほど簡単でヘルシーなメニューに！

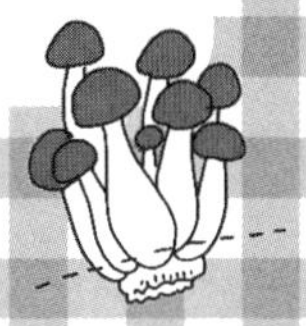

お得なセット!!
巨大バーガー
¥780
……
ぐるるる
打ち合わせ早く終わったし食べちゃ…
ウィン
いらっしゃいませー
ハッ
週末にセールで買った服
通りすがり
安ーい!
Sale
ペン 動かない…
昨日仕事用の消耗品を買い直した（ペンとか）

ダメだー！今月は使いすぎ
ファストフードくらいって思うけど
るるる～
ちりも積もればなんとやらよね
？
あぁ
でもあっつあつでホクホクなポテト
ジューシーなハンバーガー
食べたーい!!
ジャンクフード欲～!!
……
トボトボ
服も買ったんだ！
ここはこらえる（涙）
ただいまー
ガチャ
ちと早く帰れたよ～
あ
おかえり！
ナイスタイミング!!
なになに？
できたてだから早く早くっ！
こいこい
コーフン!!
いい匂いする～

20分で手作り
ジャンクフードレシピ
ドドッ
どうしたの
コレ!?
ホットドッグだー
晩ごはんだよね
めずらしい
かくかくしかじか
なるほど
ジャンクフード
欲ね
イエス
ね!
早く食べよう
ワクワク
飲み物は
ジンジャーエール
でいい?
了解
急いで
着替えるから
待ってね
ゴクリ……
じゃぁ
いただきます

はむっ
あ〜んっ
んっ
ガブウッ
んん〜〜!!!
ホットドッグうまっ
わ〜
じ〜ん
ニンニク効いてる!
なんのパテ? 歯ごたえもしっかりしてるね ガツンとくる!
これ鶏肉なの
鶏なんだ!
ケチャップがあっさりした鶏肉にジャンクさを加えてる
上にかかってるこしょうがまたクセになるね
家にある食材で欲望のまま作りました! ホットドッグのバンズがなかったのが残念

どうやって作ったの
これは?
これはねぇ
ビニール袋に鶏胸ひき肉と
ニンニクチューブ、
香りづけにハーブソルト
少々と塩を入れてよくもむ
もみ もみ もみ
もみ
もみ
チョキン
袋の角を
ハサミで
カットして
油を少量入れた
フライパンに直に
絞り出す!
ムニュ
ソーセジっぽく
ムニュ〜〜
片面を中火で
焼いて焼き目を
つけて
ジュー
ひっくり返してから
水をちょろっと入れて
ふたをする
ジュワー
3分ほど蒸し焼き
にしたら
パテの完成
ソーセージっぽい見た目
マヨネーズをパンの間にぬって
パテを挟んで上から
ケチャップとこしょうを
お好みでかけて完成!
ドン

ほえ～
実は面倒くさそうだけど、カンタン!
お、これはポテトじゃなくてかぼちゃ!?
そうそう ジャガイモよりは体によさそうかなって
早く使いきりたかったし
へぇ
いただきます
サク
これかかってるの青のり?
うん!!
和風にしてみたよ
いい香り! 和風かぼちゃフライドポテトだね
カリ
イケるね
おじゃがより罪悪感少なめ…
ちなみにこれは
スライサーで薄く切ったかぼちゃを
少し多めの油で揚げ焼きにして
塩と青のりをかけただけ
青のり
やばいな… これ……
止まらんな
サクサクサク
うん
止まらんなこれ

ねぇ ちなみに これなに?
おかし?
ちょ〜ん
それは チーズです
これが!?
チーズを レンチンした せんべいよ
適当にスライス チーズをちぎって
スライスチーズ
クッキングシートに並べて フォークで穴を開けて 600Wで1分半チンする
プス
プス
穴を 開けないと どうなるの?
サッ
こうなり まーす
コロ
コロ
ふくらんどる
食べられるんだけど パリパリになるまでに 時間がかかりすぎて 表面ちょっと焦げちゃう んだよね めちゃふくらむし
ほろ苦
穴があるのと ないので この違い
ちなみにこれにも ブラックペッパーを かけると大人の ジャンクフードに!
いいなぁ〜
ビールほしい…
なんて!?
いえ
パラ
パラ

あー幸せ♡
ジャンキ〜!!
めっちゃ喜んでる!!
よかったねー
いえない……
今日時間がなくて
ハンバーガー屋さんに駆け込んだことを!
久しぶりに食べるとんまいなー
ジャンクフードの味わいを今日楽しんでいたなんて
ズズズ
いえない
シリアス顔
くっ。。。。
な、なに?

にょっ
どしたの？
ハッ
い いやっ!!
ああ ホットドッグの パテに
ピリ辛の一味とか 入れても おいしそうだね
!!
それは……
アリだね
めっちゃ うまそう
もっと欲をいうと トマトも挟んで チーズもとろーり とろけさせて
おうちでできる 最強の ジャンクフードを 作りたい……
BURGER
POTATO

よーし
明日もう一回チャレンジしよっ
ワーイ（棒読み）
ホッ
バレずにすんだ
……
朝あんまり食欲ない人→
だけど明日の朝もジャンク??
あっ けいちゃん あのさ
はいはーい
いいレシピ浮かんだ？照り焼きとか!?
いや……
た楽しみだなーっ明日の朝が！
アハハ
だよね!! うんとジャンクなものにするね！
朝起きてすぐカツ丼食べられる人→
うおおおお がんばれ オレの胃袋（涙）

Recipe

おうちで、お手軽ジャンクフード！

ホームメイドのファーストフードは
自分好みの味と素材にアレンジできるのがうれしい。

20分くらい

3品で237円

案外
カンタン！
めちゃウマ★

鶏肉パテのホットドッグ

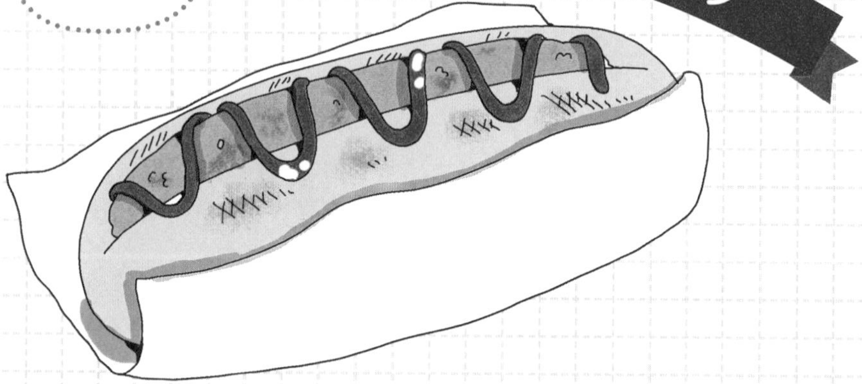

① 鶏胸ひき肉とAを厚めの
ビニール袋に入れてよくもむ。
（ペラペラのビニール袋なら２枚重ねて！）

② ①の袋の下の角をハサミで切り、
サラダ油を入れたフライパンの上で
ソーセージくらいの長さになるようにしぼる。
（ふたり分なので２本作ってね）

③ ②を火にかけ、軽く焼き目が
ついたら水を大さじ1加えてふたを
し、2～3分間蒸し焼きにする。

④ 市販のパンの中心に切り込みを入れ、
マヨネーズをぬり③を挟む。
ケチャップやブラックペッパーをお好みでかけて完成!!

- 鶏胸ひき肉 150g
- A
  - ハーブソルト 少々
  - 塩 小さじ$\frac{1}{2}$
  - ニンニクチューブ 3cmくらい
- サラダ油 少々
- マヨネーズ 少々
- ホットドッグ用のパン ２個
- ケチャップ 適量
- ブラックペッパー 少々

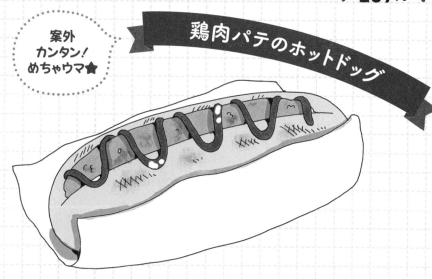

かぼちゃチップス青のりがけ

やみつきになりそう!

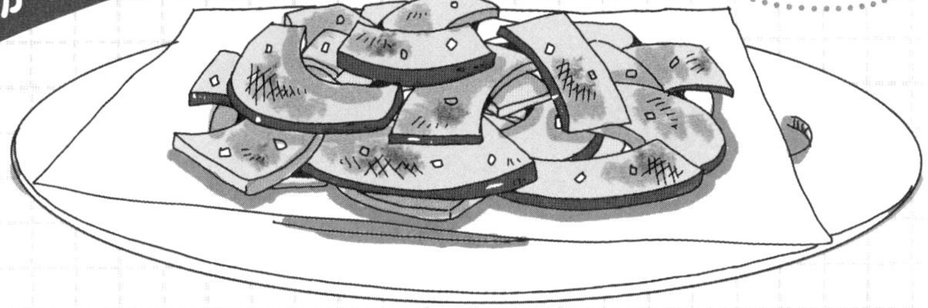

① かぼちゃをスライサーで薄く切り、サラダ油を入れたフライパンで揚げ焼きする。

② キッチンペーパーに①を置き余分な油を切る。

③ ②に塩と青のりをかけたら完成。

かぼちゃはかたいのでスライサーがオススメ!!

- かぼちゃ 100gくらい
- サラダ油 大さじ2
- 塩 少々
- 青のり 小さじ$\frac{1}{2}$

大人のチーズスナック

穴をあけるのがポイント!

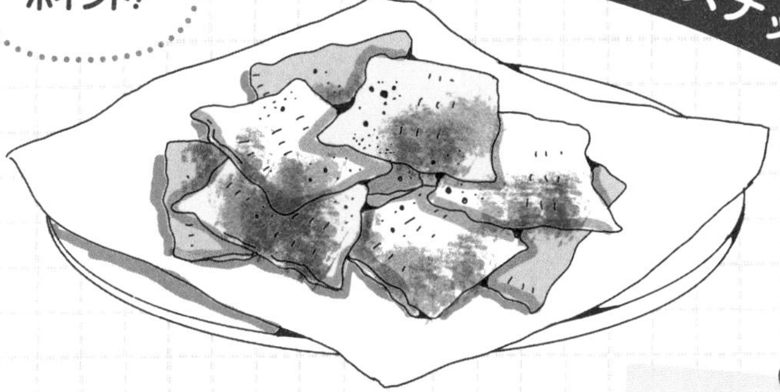

① スライスチーズを4等分にしクッキングシートの上に並べる。

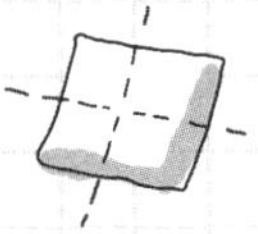

② ①にフォークで穴をあける。

③ 600wのレンジで1分〜1分半チンし、上からブラックペッパーをかけたら完成。

テキトーに!

- スライスチーズ 2枚
- ブラックペッパー 少々

時短料理を極めるなら

電子レンジをマスターするべし！

家に帰って、台所に立って料理をしなくちゃいけないと思うと面倒ですよね。自炊を続けるコツはとにかく「手軽にラクに短い時間で料理する」がポイント。料理で一番時間がかかるのが、切ったりゆでたりという下ごしらえ。そのためにおぼえたいのが「便利な電子レンジの使い方」なんです。

❶ 下ゆでに活用！

根菜など火が通るのに時間がかかるものは、まず電子レンジでチンしましょう。野菜はしっかり洗って、表面に水分を残してチンするとしっとり仕上がります。また、**ふんわりとラップで包むことも大切**（耐熱容器に入れてラップをかけても大丈夫）。ブロッコリーや葉物野菜もわざわざゆでなくても、さっと水洗いをしてふんわりラップをしてチンすればOKです。

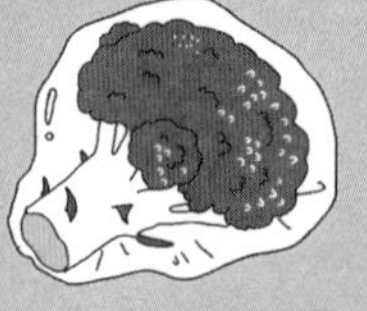

❷ 野菜はとがらせてカット

電子レンジは電磁波で食品の水分を振動させることで温めるんだそう。そして、この電磁波は「とがった部分」に集まりやすい性質があるらしいので、下ゆでする野菜は乱切りにして**「とがった部分」をあえて作ると火が通りやすいんです**。ただ、カットする大きさは同じにしないと、熱が均等に入らないので気をつけて。

❸ 火が通りにくいものは上に

電子レンジは上のほうが温かくなりやすいので、複数の食材を一度に電子レンジにかける場合は**火が通りにくそうなものをお皿の上のほうに**置きましょう。

❹食材の置く場所をチェック

自宅で使用している電子レンジがターンテーブル式のものなら、**食材はターンテーブルのはじっこに。ターンテーブルがないものは、電子レンジの中央に置くことで**加熱ムラを防ぐことができます。

フラット式は真ん中に
ターンテーブルははじに

❺カロリーが気になるなら先にチン！

ナスやきのこなどは炒めていると、どんどんと油を吸ってしまう食材。もし、**カロリーを気にしているなら、先に電子レンジで火を通すのがコツ。**先に野菜をチンして、火が通ったら鍋に戻し、調味料とまぜ合わせてみて。油の使用分量がグッと減って、カロリーもダウンできますよ！

\先にチン/
少ない油でOK

❹ラップいる？ いらない？ はどう判断する

電子レンジにかける時はとにかくラップが必要だと思いがち。でも実はルールがあるんです。たとえば**煮物や蒸し物など、しっとり仕上げたいならラップをしましょう。**また油分が多いものはレンジ内の油汚れを防ぐためにもラップをするのがオススメ。反対に**ラップが必要ないのは焼き魚や揚げ物など、カラッと仕上げたいもの。**揚げものは特にラップをするとベチャっとして、食感が台無しになってしまうので、気をつけて！

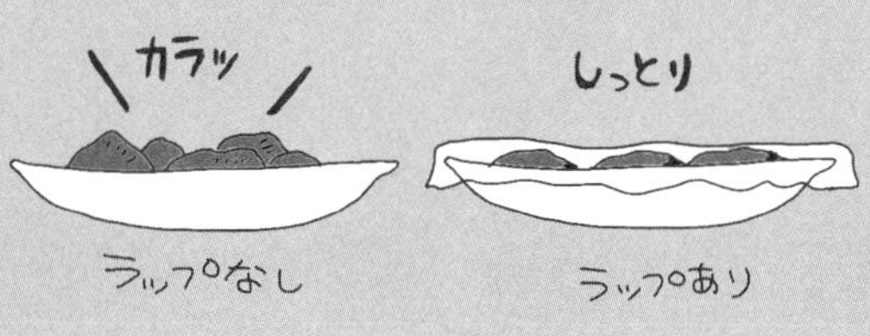
しっとり
ラップあり
\カラッ/
ラップなし

※電子レンジはご家庭で使用しているもののメーカーや商品によって、加熱時間や加熱の具合は変わります。使用する際には先に確認をしてください。

時短料理アイテムは コレなんです!!

シリコンスチーマー

これに野菜を入れて
レンジに放り込めば
ほかの作業もできて
おいしい蒸し野菜ができる!!
たとえば根菜なら大きさを
そろえて切ると火が通りやすい!

マカロニ
マカロニ
3分

1〜3分くらいの短い時間で
ゆでられる商品もあったり、
今は時短料理の
味方食材がたくさん!!
3分でゆでられるパスタも
スーパーに置かれていてびっくり!!

スライサーセット

このセットがあれば
千切り、スライス、おろしと
なんでもこい!!
包丁でやるより早くてきれい!
スタンドもついてるので
スッキリ収納できる。

STORY 09

初デートの思い出の味を再現
早くてカンタン おしゃれな カフェ飯レシピ

上京して初めてデートをした日に行ったカフェで食べたごはん。手間がかかるように見えるけれど、冷凍食材とちょっとした工夫で自宅でもお安く、しかも手早くできちゃうんです。ふたりの恋の始まりを思い出しながら、ちょっと酸っぱいスープパスタとデリ２品でお腹も心も体も満たしましょう。

えーでは
今日はみなさんお花見を楽しみましょう
カンパイ
カンパーイ
すごい久しぶりだねえ〜
サービス業 店長
プログラマー
飲食店経営
みんな近くに住んでても忙しいもんね

ねぇ
そういえばさー
けいちゃんと夫くんってどうやって知り合ったんだっけ?
ブーッ
なにか軽く聞いたことあるけど詳しく知りた〜い
うっ……
ケホ
ポン
だそうですよろしく!!
あはっ
やはりオレか
…………
えーっとインスタがきっかけなんだけど
はずかし……
おぉ!
けいちゃんがオレの写真を見ていいね!　とコメントをくれたのね
三重
わぁ
桜きれい〜
「ステキですね!」と
!
コメントきた
東京
サブカル系だった夫くん

そこからDM したり 電話したり
けいちゃん はイラスト やってたから
東京で 活動したほうが 可能性があるかも よって話をしたら
「東京でイラスト やってみたい」って こっちに 引っ越してきて くれたんだよね
それで
「僕があなたを 有名にしてみせます」
って告白してくれた んだよねー!!
そうデス
わ〜 いいねぇ
やるねぇ〜
それは インスタ婚だね!!
イマドキは そういうんだ!
みんなとも インスタ通じて 出会ったもんね
ホントすごいよ
うわぁ〜
アハハ
ちょっと 酔いすぎー!

はぁー楽しかった
みんなに久しぶりに会えてよかったね
うん
桜を見て飲むビールもおいしかったな
ビールかい!!
あ!この通り初デートで歩いたよね
そうだね!その先のパスタ屋さん入ったよね
なんか久しぶり~
さっき話をしてたから思いだしちゃった
ねぇ
?
今日おうちでパスタにしよっか?
いいね
あの時食べたトマトソース系がいいな
オッケー!!
フライパンにオリーブオイルとニンニクを入れて火にかけて
冷凍シーフードをザッと入れる
ザッ
シーフード
本当は自然解凍で余分な水分を除いたほうがいいけど、今日は煮るから無視
シーフードの氷が溶けたらトマトホールを潰しながらひと缶丸ごと入れて
ワイルドだろう~
水も200mℓ入れる
water
缶の中を水できれいにしてそれを鍋に入れるとムダがないよー
そしてひと煮立ちさせるよ

その間にパプリカを薄く切っておく
赤でもいいけど、パスタがトマトだから黄色のパプリカ
トントン
トントン
トントン
トントン
切ったパプリカは市販の合わせ酢こしょうをしてもみ込んでおく
これだけでパプリカマリネ
さて
いいころかな
トマトソースが煮えたらペンネを入れて目安時間煮込む
今は短時間でゆでられるのが多いから便利！種類も多いし値段も安め
マカロニ
ガララッ
再度煮込んでいる間に冷凍野菜を炒めるこの時にサラダ油はまだ使わない
冷凍野菜も洋風とか和風とかたくさんあって助かるな
プライベートブランドは安いし
シャカシャカ
シャカシャカ
卵を2個といて…牛乳少しとハーブソルトを入れてさらに軽くまぜる
野菜が溶けて水分が飛んだらここでようやくフライパンにサラダ油を少したらしてねそうじゃないと卵がくっつくから

ジュワワワ
卵液をフライパンに流し込んだら
おはしですばやくまぜて
くるくる
中心にチーズを置いて下面が焼けたら半分に折る
よっ
半分折ってから反対面にひっくり返して両面を焼く
裏返したら弱火にね
チーズ入りオムレツの完成！
トロリ
パタッと折るのが難しければラップの上に出して折ってもいいしスクランブルエッグにしてもいいかも
ケチャップかければ見た目はかくせるし
ピピピピ
ピピピピ
ピピピピ
よし
ペンネがやわらかくなったからコンソメを2つ入れて
パチャ
ぐつ
ぐつ
よくまぜるそうしたらコンソメがすぐ溶ける、と
これで完成！
ぐつ
ぐつ
ぐつ

25分で
カフェランチレシピ
夫くーん!!
ごはんだよー
はぁーい
お風呂
洗ってきた
いい匂い〜
ありがと
いただきます!!
カチャ
どうぞ
ほふ
あちあち
はふ
ほふ
はふ
!
スープに
とろみがあって
おいしい!

マカロニを別ゆでせずに直接スープに入れて煮たから小麦粉のおかげでとろみがついたんだよ
別ゆでなんてめんどくさいことしない
時短よ時短!!
ぐっ
ぐっ
洗い物も減るし！
へぇ
ハフハフ
トマトソースなのにシーフード風味がすごい冷凍なのにねー
海鮮のうまみ出てるよねありがたい
ハフハフ
いかもプリプリ
ハッ！
オムレツのチーズが
最＆高!!
みょーん
それ絶対うまいやつー！
パクッ
ん――――♡
冷凍野菜を油を入れる前に炒めたから余分な水分がなくておいしい
パプリカとかズッキーニが入ったやつも売ってるし種類たくさんあるんだね
オレミックスベジタブルくらいしか知らないわ
情報が古い
ひどい
もぐ
もぐ
プライベートブランドっていう企業独自の商品があってだね…
うんたら　かんたら
ほほう？

あ
これ マリネだよ
すっぱいの好きでしょ
好きー
たまに体にいいの食べたくなるんだよね
それ 疲れとるんやでキミ…
シャク
食べやすーい！薄めに切ってるからパプリカに酢がもうなじんでる
シャク
市販の使いやすい甘めの酢だから具とまぜるだけでいいの楽なんだよね～
本来なら酢に砂糖とかいろいろまぜて合わせ酢作るけど
甘い酢
すごい時代やで～
げふっ
調子のって食べすぎました……
ごちそうさまですー
も～
大丈夫？
おいしかったよ また作って
寝るなよ？
はーい
あ、けいちゃん

?
なにー?
オレねぇ
初めてけいちゃんと
やりとりしたDMだけ
残してるんだー
へへッ
東京に出てきてくれてありがとうね
本当に
夫くんのインスタにコメントした時の自分にいいたい
けいちゃー
どっしーん!
ぐえっ
? なんて!?
なんかいった?
うぐぐ
こっちこそ東京に呼んでくれて
ありがとうっていったの!!
〝今こんなに幸せだよ!〟って

Recipe

カフェランチ風メニュー

シーフードの旨味たっぷりのスープパスタに、
とろけるチーズオムレツ＆マリネでおしゃれな食卓。

25分くらい

3品で359円

海鮮たっぷり

鍋ひとつでほとんどほったらかし！

時短スープパスタ

- オリーブオイル 大さじ1
- ニンニクチューブ3cmくらい
- 冷凍シーフード80gくらい
- トマトホール缶 1缶
- 水 200ml
- ペンネ 100gくらい
- コンソメ 2個

① 鍋の火をつける前にオリーブオイルとニンニク、シーフードを入れてから火にかけ炒める。

② シーフードの色が変わったらトマトホール缶と水を入れてひと煮立ちさせ、ペンネ(マカロニ代用可)を加える。

トマトは手で潰してね

③ ペンネを目安時間通りに煮込み、コンソメを2つ入れてよくまぜたら完成。

割とすぐ溶ける

まぜるだけ

パプリカのマリネ

おいしいし
体にも
GOOD!

・パプリカ大 $\frac{1}{2}$個
・市販の合わせ酢 大さじ2
・塩こしょう 少々

① 大きめのパプリカを薄くスライスする。

② ボールに ①と合わせ酢、塩こしょうを入れて
よくもみこんだら完成。

夫くん大好き

チーズ野菜オムレツ

① フライパンに油を入れずに冷凍野菜を入れ炒める。

② ①の余分な水分が飛んだらサラダ油を入れて軽く炒め、Aを加える。

③ フライパンの端から中心へ向かって卵液を
おはしで寄せつつまぜていき、真ん中に
スライスチーズをのせる。

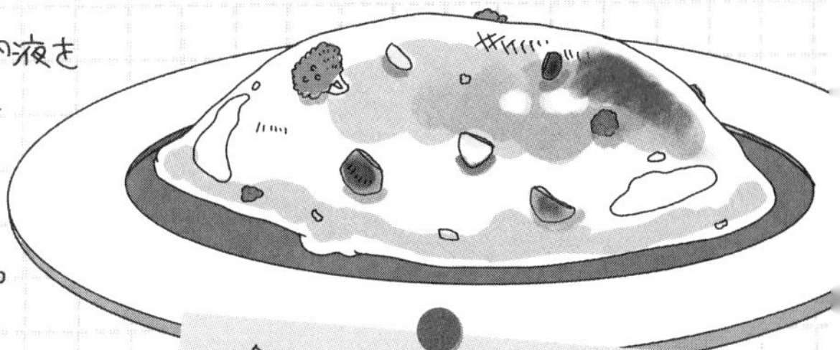

④ フライ返しで③を半分に折りたたみ、中に
軽く火が通ったところで火からおろして完成。

難しければスクランブルエッグでも
ラップの上にのせてから2つ折りにしても!
作り方はご自由に

・冷凍ミックス野菜(洋風)50gくらい
・サラダ油 小さじ1
・A
　卵2個
　牛乳大さじ2
　ハーブソルト少々
・スライスチーズ1枚

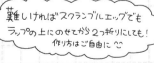

時短調理にオススメ！マストハブ調味料

しょうが
ニンニク
チューブの調味料

生のニンニクやしょうがは
日持ちしないし、使いきらずに
捨てることもしばしば。
でもチューブタイプなら
日持ちもするし
切る必要もなし!!
なにより手が汚れない!!
便利すぎる!!

めんつゆ

しょうゆやだし、
酒、砂糖などがすでに
入っている神がかった調味料！
和食・洋食 ジャンル問わず
使える!! 私は2倍希釈のものを
使用。おいしい～!!

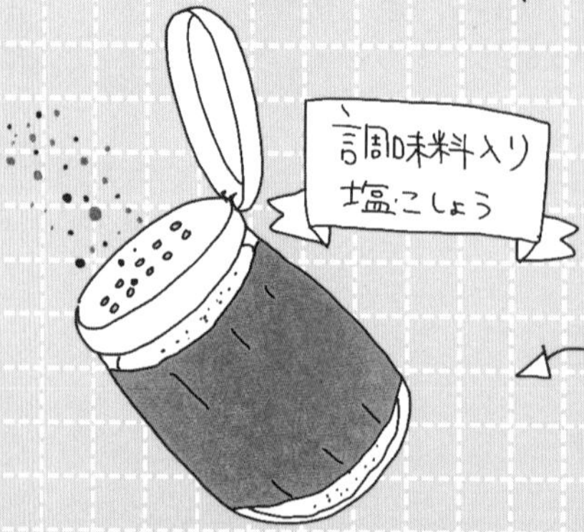
調味料入り
塩こしょう

塩とこしょうを分けて使わなくて
いいのがすごい!! これだけで
味がきまるので おうちに
置いておいて損はしない。
ガーリックパウダーや ハーブ入りも
あります！

STORY

10

体にも心にも優しい

アレがお肉に!? からあげ和定食で お祝いレシピ

自宅で揚げ物。これほどハードルが高い料理はないかも。片づけも気になるし、カロリーも怖い。でも、鶏肉をこうや豆腐で代用したからあげなら、油も揚げ時間も少なくてすむので、実はとても簡単。副菜と汁物もついた定食屋さんのようなごはんは、家庭感タップリの幸せメニュー。

ぷすー…
こっくり
こっくり
!?
ゴッ
……
イタイ
まいった眠すぎて仕事にならん
頭打ったの大丈夫??
コーヒーいれ直そうか
コップかして
ありがと
締め切りが迫っているのにまだこんなに…(遠い目)
けいちゃん1回起きたらあんまり寝ない人なのにね
うーん
疲れかな
思い当たる節はあるんだよね
ちょっと病院行ってくる
ほんと?つき添いしようか??
平気平気!

婦人科
保険
ついてきてもらってもなぁ婦人科だし
最近生理痛ひどいし家系的にも病気ありえるし
イライラするし
PMSがひどくなってきたのかな
奥田さーん
奥田さーーん
あ　はい
3番にどうぞー
はーい
なにもないといいなぁ
妊娠されてますねー
おめでとうございます
あーお腹の痛みは卵巣が腫れているからなんだけど妊娠出産には問題ないですよ

※月経前症候群

!?
あ
PMSかと思って来られたんですねー
ええ
今はね3週目かな
ほらこれ赤ちゃんの袋
印刷してあげるからねー
ピラ
OH!!
マジか…
来週また来て心拍確認できたら母子手帳もらってね
……
会計
夫くんビックリするかな
するよな…

ガチャ
ただいまー
けいちゃん
どうだった?
……
ゴソ
大丈夫だったよパパ!
ゴソ
……
え
ハイ!!
今日で3週目!
これ写真ね
ドキ
しーん
ドキ
ドキ
ドキ
あれ…
チラッ
ドキ
感激
ってめちゃ喜んでるー!(泣)
オレがんばろっ!!

ハッ
けいちゃん
お腹すかない？
体にいいもの作るよ
オレすまし
え
？
じゃぁ一緒に
作る～
バコッ
おっけー
ふふ
こうや豆腐を
お湯でもどして
やわらかくなったら
ギュッと絞って
水気を切る
それを
ひと口大にちぎって
しょうゆ　酒　砂糖
しょうが　ニンニク
が入ったたれに
漬け込んでおく
むしっっ
ちぎったほうが
味が染みやすい
こうや豆腐は
そのまま放置
鍋に水400mlと
だしを入れて
火にかける
コト
その間ににんじんと
大根の皮をむいて～
ぴーっ
ラップに包んで
600Wのレンジで
2分くらいチンする
少しやわらかくなったにんじんを
半分に切って　片方は千切り
もう片方はいちょう切りにする
大根は全部いちょう切りに
千切り
いちょう切り
そして
千切りにんじん以外は
さっき沸かした鍋に
入れて煮る

※最近は水もどしが不要なものも売っていますが、必要な場合はお湯（50度程度）に20分ほどこうや豆腐を浸します。もどったら水を軽く絞り、調理に使用しましょう。

もう一品欲しいから……
あったあった冷凍ほうれん草
ガサ
半袋くらい使っちゃお
600Wで2分チンして
コトン
水気を切ってからすりごまとめんつゆを和える
ほうれん草ごま和えの完成
さっき切った千切りにんじんはごま油で炒めて
ジュワワワワ
味は塩のみシンプルにしよ
パラパラ
にんじんきんぴらはこれで完成
さてメインのこうや豆腐に味が染みたかな
そしたら片栗粉を全体にまぶして
フライパンで揚げ焼きする
下から1cmくらいの高さまで油を入れる

ジュウウウ
衣がカリッと
したら
こうや豆腐
からあげの
完成！
カラッ
あとは火を切って
鍋に豆腐とみそを
入れて
ぐる
ぐる
沸騰する直前
まで温めたら
ヘルシー定食の
できあがり！
25分でヘルシー
からあげ定食レシピ
ドン

わ!
すごおい!
なんかお店みたい…
そういや
やり出したら
こだわる人
だった……
A型な人
やりきったゼ
フーッ
ありがとねー
カチャ
カチャ
あ
オレがお皿
しまうから
座ってて
え
まだ安静にとか
しなくて
いいのにな
うーん…
寒くない?
テキ
パキ
いやっ
大丈夫だよ
お茶
温かいのが
いい?
そう?
よし
それじゃあ
いただきまーす
まーす
やったー
ヘルシーな
ごちそうだ~
おいしいかなぁ
こうや豆腐は食感が
お肉みたいって聞いたけど
ドキ
ドキ

はぐぅっ
!!
ホントだ お肉みたい!
味染みてる…
うん 思ったよりも 食感が肉っぽいね
にんじんも少し コリコリしてて いい炒め具合!
チンしたから さっと炒めるだけ でいいから 時短になったし
塩味で にんじんの味 すごい感じる
ほうれん草の ごま和えも冷凍使うと 楽だよね
うん ゆでるの 面倒だし
ヘタに生の ほうれん草 買うよりお得かも 2回分使えるし
そうそう 生のほうれん草って めちゃ高い時 あるよね
1束230円とか それ以上する時とかね…
あと葉酸がたくさん 含まれていて 赤ちゃんにもいいんだって
あぐっ
それ 聞いたこと あるな
枝豆とかも
よく知ってるね
うまっ
ごま和えが体にしみる~(笑)

職場の人の奥さんが妊娠したらしくて話していたんだよね
なにが体にいいかとかさ
聞いといてよかった
お腹のためにも
無理せずしんどい時はゆっくりすること
っ―――
……………うん
ブワッ
えー!!
いやうれしいんだけど正直いろいろ考えちゃってね
仕事とか生活とか
大丈夫!? マタニティーブルー?
えー
早くない!? 今日わかったのに(笑)
でもめっちゃ心強いと思ったよ夫くんがいて
ありがとうね
なんたって父親だからね
これからもおいしいものを作って笑おうね
3人で

Recipe

体にやさしい定食風ごはん

大好きなからあげを、こうや豆腐を使ってヘルシーに！
副菜も野菜たっぷりで体も心も大満足。

25分
くらい

4品で
359円

こうや豆腐のからあげ

ダイエットにも
ばっちり！
コクもあって
大人気！

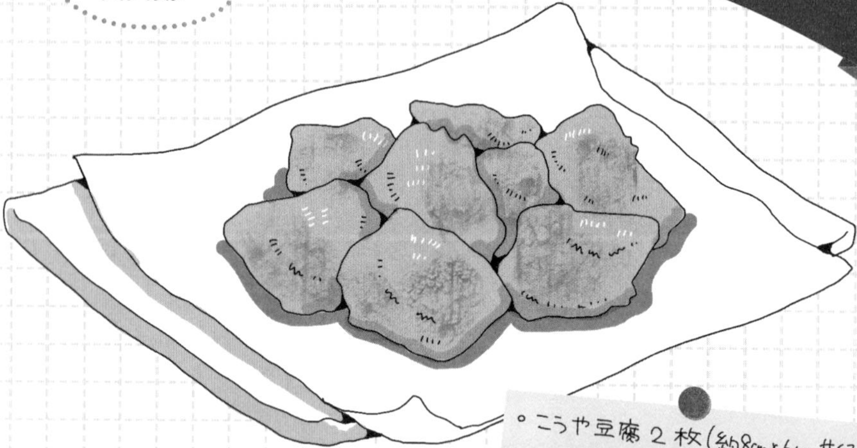

- こうや豆腐 2枚（約8cm×6cmサイズ）
- A
  - しょうがチューブ 3cmほど
  - ニンニクチューブ 3cmほど
  - しょうゆ 大さじ2
  - 酒 大さじ2
  - 砂糖 小さじ1
- 片栗粉 適量
- サラダ油（揚げ油）大さじ2

① こうや豆腐をお湯に浸けて
戻しておく。

② ①をぎゅっとしぼりひと口サイズに
ちぎってボウルに入れる。

③ ②のボウルにAを加えてよくもみこむ。

④ ③を10分くらい置いたら（すぐでもOK）片栗粉を
全体にまぶし、サラダ油を入れたフライパンで
揚げ焼きにして完成。

にんじんの塩きんぴら

- にんじん $\frac{1}{2}$本
- ごま油 小さじ1
- 塩 少々

① にんじんの皮をむいてラップに包み600wのレンジで2分ほどチンする。

② ①を千切りする。

③ ごま油をひいたフライパンで②を炒め、塩で味をつけたら完成。

ほうれん草のごま和え

- ほうれん草 100gくらい
- すりごま 大さじ1
- めんつゆ 大さじ1

めんつゆは2倍希釈を使っています!

① 冷凍のほうれん草を600wのレンジで2分ほどチンし、水気を切っておく。

② すりごまとめんつゆを①と和えて完成。

具だくさんみそしる

あったかーい

- にんじん $\frac{1}{2}$本
- 大根 $\frac{1}{5}$本
- 水 400mℓ
- 顆粒 和風だし適量
- 豆腐 $\frac{1}{3}$丁
- みそ 大さじ2

① にんじんと大根をいちょう切りにする。(にんじんはきんぴらの時にチンしたものを使うと時短)

② 鍋に水を入れ①とだしを加えて火にかける。

③ 根菜に火が通ったら豆腐を手でくずして入れ、みそを溶かして完成。

時短料理の究極の方法は
片づけを少なくすること

料理って作るだけじゃない。使った食器や調理器具を片づけるまでで、実はそのパートが一番イヤだったりしませんか？　ここでは料理中から片づけの手間が減るように、とことんズボラに、手抜きをする方法を伝授します。ちょっとしたコトで労力が減って、料理をするのが楽しくなれば、こんなに体も心もハッピーなことありませんよね？

❶ なるべく包丁は使わない

1話にも書きましたが、手で切ることができる葉物野菜とかは手でちぎってみませんか？　だって、包丁を使うとまな板も必要だし、洗いものが増えるだけ。**キャベツやレタスなどは手でちぎるだけでサラダになるし、お豆腐やこんにゃくも手でちぎると味が染み込みやすくなります**。またきゅうりなどはスライスしない料理なら、手やすりこぎで叩いて裂くのもひとつ。ストレス解消にもなりますよ（笑）。

❷ キッチンバサミを使う

100均で売っているキッチンバサミは時短料理にはマスト！　野菜を切るのはもちろん、肉や魚も簡単にカットできます。また、**肉や魚は包丁とまな板を使って切った場合には、雑菌が残っている可能性がある**ので、使用するたびに洗わなくてはいけませんが、キッチンバサミを使えば食材が入っていたトレイをまな板代わりに活用できるので衛生的にもオススメです。

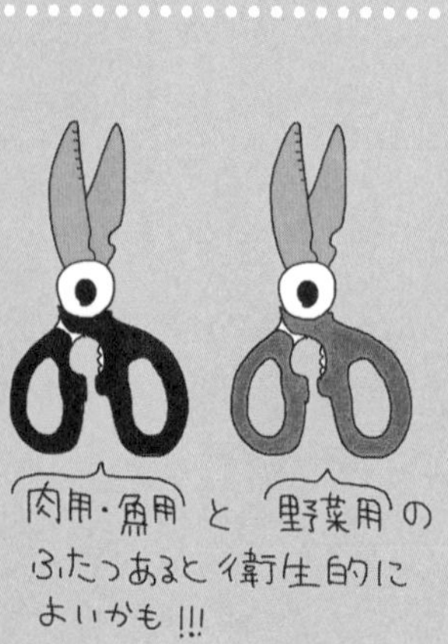
肉用・魚用 と 野菜用 の
ふたつあると衛生的に
よいかも!!!

❸調理道具は吊るして収納

鍋やフライパン、フライ返しなど頻繁に使うものの収納にも時短のコツがあるんです。棚にしまえば、台所がすっきりと整理できますが、毎日料理のたびに棚から出したりしまったりするのはちょっと効率的ではないですよね。**100均のS字フックなどを活用**すれば、使用頻度の高い器具を吊すことができます。洗った後も、軽く水分を拭き取って吊るしておけば自然乾燥できるので一石二鳥！

❹炊飯器は蒸し器としても活用

根菜などをふっくら蒸したい時に電子レンジを使うのもいいけれど、炊飯器でお米を炊きながら、同時に野菜を蒸すことができる方法があるんです！**サツマイモなど蒸したい根菜をアルミホイルで包み、お米と一緒にセット**をするだけ。お米の水の量はいつも通りでOK。時間はもちろん、電気代もぐっとセーブできますよ。

アルミホイルに
包んで、ごはんと
同時にふかしいも
も作れる!!

❺魚焼きにはホイルかクッキングシートを

魚を焼いた時ほど洗い物がイヤなことはありませんよね。魚の油が魚焼きグリルの中でべたついたり、臭いが取れなかったり……。そんなときはぜひ、アルミホイルを使ってみて。**魚焼きグリルのトレイの部分（網の下）にアルミホイルを敷くだけ**で、トレイ部分の汚れがなくなり、洗わなくても大丈夫。魚焼きグリルがなくて、フライパンで魚を調理している人は、クッキングシートをフライパンに敷いてください。ベトつきがフライパンにつかず、シートを捨てるだけで片づけは終了ですよ！

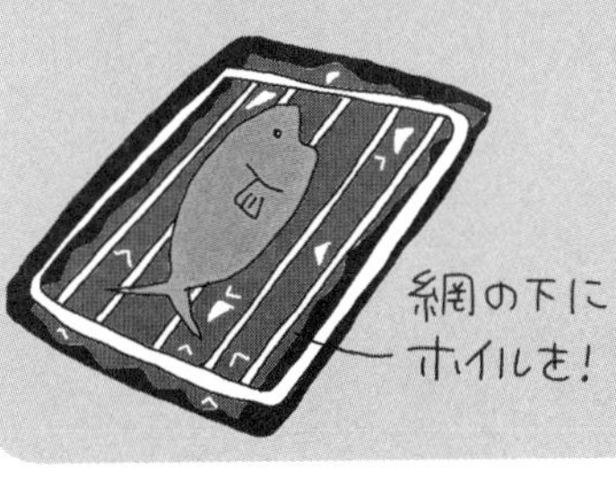
網の下に
ホイルを！

おわりに

最後までお読みいただきありがとうございます。
彼と私の生活のアイデアから生まれた
「スピードふたりごはん」、いかがでしたでしょうか?
気になったものがあったら
ぜひ作っていただけたらうれしいです!

本書では、とにかく短い時間でカンタンにおいしいものを
作れるようにレシピを考えました。
しかもベーシックなお料理ばかりなので、
一度作り方をおぼえていただけたら、調味料や加える野菜を変えて
ぜひ自分なりにアレンジをしてみてください。
自分の好みの味が作れるようになることが
自信につながって、ますますお料理が楽しくなると思います。
(そしてもし、アレンジしたお料理ができたら、
ぜひ　#スピードふたりごはん　でＩｎｓｔａｇｒａｍなどに

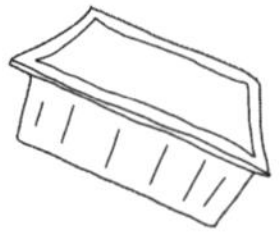

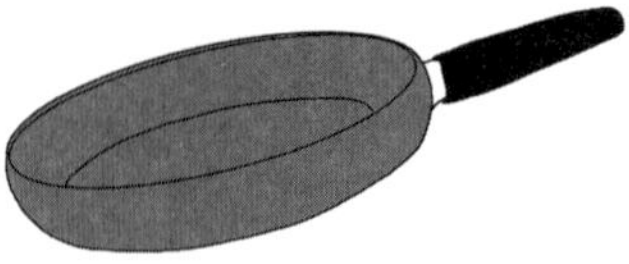

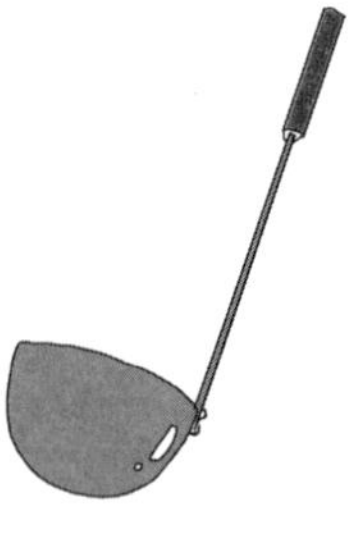

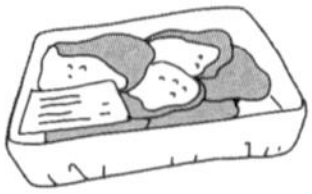

アップしてください！　はげみになります……!!）
ちなみに、**帰宅してからキッチンに立つのが**
面倒になってしまう方に、ひとつコツをお伝えします。
それは、**帰宅後どこにも座らないこと！**

上着を脱いで、手洗い・うがいをしてそのままキッチンに直行することで、
ふかふかのソファとテレビという大トラップ（笑）に引っかかることなく
お料理をスタートさせることができます。

節約目的でも、時短料理目的でも、ヘルシーレシピ目的でも、
どんな目的でもいいので、本書のレシピが
みなさん生活に役立つことができるなら
こんなうれしいことはありません。

ありがとうございました！

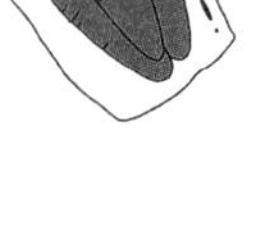

奥田けい

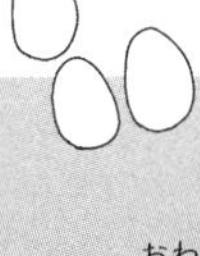

Index
料理種類別

Index 食材別

著者プロフィール

●奥田けい Kei Okuda

イラストレーター。1990年7月29日生まれ。三重県出身。AB型。大阪樟蔭女子大学学芸学部インテリアデザイン学科卒。地元で就職するが、イラストレーターを目指してInstagramに投稿し続け、フォロワー5．6万人に。個展を開きつつ、書籍のカバーイラストや挿し絵、お菓子のパッケージ、音楽イベントのグッズ、Eテレ「沼にハマってきいてみた」のイラスト、CDジャケット、大手食品メーカーのWEBレシピ連載など活躍中。
初の書籍『月たった２万円のふたりごはん』（幻冬舎）は10万部のベストセラーに。『恋する、ぬり絵。』（講談社）、『マンガ 月たった２万円のふたりごはん』（幻冬舎）、『月たった２万円のダイエットふたりごはん』（KADOKAWA）などを出版。『はやくひょっこりはんをさがせ！めいろのもりでたからさがし』（宝島社）ではイラストを担当した。

構成　成澤景子（SUPER MIX）
編集協力　知野美紀子

月《つき》たった2万円《まんえん》の
帰《かえ》りが遅《おそ》くてもすぐ作《つく》れちゃう
スピードふたりごはん

2020年4月30日　第1刷発行

著　者　奥田《おくだ》けい
発行者　佐藤　靖
発行所　大和《だいわ》書房
東京都文京区関口1-33-4
電話　03-3203-4511

装幀　小口翔平、加瀬梓（tobufune）
本文デザイン・DTP　荒井雅美（トモエキコウ）
編集　藤沢陽子（大和書房）
カバー印刷所　歩プロセス
本文印刷所　光邦
製本所　ナショナル製本

ISBN978-4-479-92139-4

http://www.daiwashobo.co.jp